Hesse/Schrader

Das perfekte Anschreiben

Die besten Beispiele erfolgreicher Kandidaten

STARK

Die Autoren

Jürgen Hesse, geboren 1951, geschäftsführender Diplom-Psychologe im Büro für Berufsstrategie, Berlin.

Hans Christian Schrader, geboren 1952, Diplom-Psychologe in Baden-Württemberg.

Anschrift der Autoren

Hesse / Schrader
Büro für Berufsstrategie
Oranienburger Straße 4 – 5
10178 Berlin
Tel. 030 28 88 57-0
Fax 030 28 88 57-36
www.hesseschrader.com

www.

Zusätzlich zu diesem Buch erhalten Sie folgenden **Online Content**, den Sie nutzen können, um Ihr eigenes Anschreiben schneller und einfacher zu erstellen:

Alle Anschreiben aus diesem Buch (mehr als 40 Beispiele) zum Herunterladen und Bearbeiten (RTF-Format)

Um den Online Content nutzen zu können, folgen Sie den Anweisungen auf der Seite **www.berufundkarriere.de/onlinecontent**

Für die Fotos auf S. 38, 67, 77: © Katy Otto
Für die Fotos auf S. 69, 74, 78: © Regine Peter

ISBN 978-3-8490-1460-5

© 2016 by Stark Verlagsgesellschaft mbH & Co. KG
www.berufundkarriere.de

Inhalt

Das Anschreiben – Türöffner bei der Bewerbung 5

Die besten Beispiele erfolgreicher Kandidaten 6
Das Anschreiben in der E-Mail-Bewerbung 6

Erst Flop, dann top: Vorher-Nachher-Beispiele 9
- Maschinenbauingenieur, vorher 9
- Maschinenbauingenieur, nachher 10
- Automobil-Verkaufsberaterin, vorher 12
- Automobil-Verkaufsberaterin, nachher 13

Das passende Anschreiben je nach Absender 15
Ausbildungsplatzsuchende 15
- Beruf Gärtnerin 15
- Beruf Gesundheits- und Kinderkrankenpfleger 16

Praktikumsbewerber/-innen 18
- Bereich Grafikdesign 18
- Bereich Betriebswirtschaft: Steuerberatung 19

Hochschulabsolventen und -absolventinnen 21
- Medizin 21
- Physik 22

Führungskräfte 24
- Diplom-Bankbetriebswirtin 24
- Vorsitzender Geschäftsführung, Industrie 25

Handwerker/-innen 27
- Anlagenmechaniker 27
- Friseurin 28

Berufstätige mit Jahreseinkommen unter 40.000 Euro 30
- Krankenschwester 30
- Wachmann 31

Berufstätige mit Jahreseinkommen über 40.000 Euro 34
- Büroleiterin 34
- Diplom-Ingenieur 35

Quereinsteiger/-innen und Berufswechsler/-innen 37
- Arzthelferin / Sozialpädagogin 37
- Quereinsteigerin als Lehrerin 38

Wiedereinsteiger/-innen 40
- Assistentin des Vorstandes 40

Von Handwerksbetrieb bis Aktiengesellschaft – adressatengerechte Anschreiben verfassen 42
Kleine bis mittlere Handwerksbetriebe 42
- Heizungs- und Lüftungsbauer 42

Kleine bis mittlere Dienstleister und Handelsunternehmen 44
- Hochschulabsolvent Angewandte Informatik 44
- Automobil-Verkäuferin 45

Freiberufler wie in Arztpraxen, Architekturbüros, Steuerberater- oder Rechtsanwaltskanzleien 47
- Arzthelferin 47
- Innenarchitektin 48

Mittelständler (über 50 und noch unter 500 Mitarbeiter) 50
- Sekretärin 50
- Junior-Projektmanager 51

Großunternehmen, Aktiengesellschaften, Industrie, Handel, Banken, Versicherungen 53
- Hochschulabsolventin Pharmazie 53
- Vertriebsleiter 54

Öffentlicher Dienst (technische und nicht-technische Bereiche) 56
- Psychologe 56
- Stadt- und Regionalplanerin 57

Institutionen wie Kirche, Diakonie, Bundeswehr, Verbände, Unis etc. 59
- Diplom-Bibliothekarin 59

Stil- und Anlassvarianten 61

Klassisches Anschreiben 61
- Leiter Controlling 61

Kreative und außergewöhnliche Anschreiben 63
- Medien-Designer 63
- Hochschulabsolvent BWL 64

Anschreiben bei Initiativbewerbungen 67
- Projektmanager IT 67
- Diplom-Pädagoge und Sozialmanager 68
- Vertriebsassistentin 69

Motivationsschreiben 72
- Diplom-Betriebswirt 72

Nachfassschreiben als Erinnerung oder nach dem Vorstellungsgespräch 74
- Einzelhandelskaufmann 74
- Leiter Kino-Center 75

Kurzpräsentation 77
- Bankerin 77
- Germanist 78

Anschreiben mit Ergänzung durch eine »Dritte Seite« 80
- Verkehrsfachwirt / Speditionskaufmann, Anschreiben 80
- Verkehrsfachwirt / Speditionskaufmann, Dritte Seite 81

Anschreiben im besonderen Format 83
- Koordinatorin Sprachreisen 83
- Auszubildender Fachinformatiker 83

So gelangen Sie zu Ihrem Online Content 84

Anschreiben maßgeschneidert 85
Das Wichtigste in Kürze zur Komposition 85

Von Absender bis Anlagen – alle Elemente des Anschreibens ausführlich vorgestellt 87

12 Lektionen

1. Papier: Stärke, Farbe und Format 11

2. Schrift: Schriftgrößen 14

3. Schrift: Schriftart 33

4. Formatierungen im Anschreibentext 36

5. Briefkopfgestaltung 43

6. Foto 49

7. Zeilenfühung 60

8. Extras: Zitat oder PS 62

9. Unterschrift 66

10. Zierelemente 71

11. QR-Code 73

12. E-Mail-Signaturen 74

Das Anschreiben – Türöffner bei der Bewerbung

Auf den ersten Blick scheinen Anschreiben zu den leichteren Herausforderungen zu gehören, wenn Sie sich bewerben: Sie finden einen freundlichen, optimistischen und knackigen Einstieg, beschreiben im Mittelteil Ihre Erfahrungen und Stärken im Hinblick auf die angestrebte Position, erklären, warum Sie sich gerade für diesen einen Arbeitgeber engagieren wollen, und beantworten ggf. Fragen nach Gehaltsvorstellung und Eintrittstermin, bevor Sie dann abschließend Ihre Freude über eine mögliche Gesprächseinladung zum Ausdruck bringen und zum Schluss unterschreiben. Aber was im ersten Moment so kinderleicht zu sein scheint, wird komplexer und schwieriger, wenn Sie dann vor dem leeren Blatt (bzw. leeren Word-Dokument) sitzen. Spätestens jetzt stellen Sie sich Fragen wie »Was interessiert den Arbeitgeber wirklich?«, »Was schreibe ich bloß zum Einstieg?« oder »Finde ich den richtigen Ton?«.

Da sich erfahrungsgemäß zwei von drei Bewerbern* ganz besonders mit dem Anschreiben schwertun, liegt nichts näher, als dass wir diesem Thema ein Buch widmen. **Davon sind wir überzeugt:** Sie werden dieses Buch am Ende mit dem Gefühl aus den Händen legen, dass Anschreiben eben doch fast so einfach sind wie ursprünglich gedacht, wenn Sie erst einmal erkannt haben, worauf es wirklich ankommt.

Der Ausbildungsplatzsuchende muss seinen Lebenslauf zusammen mit einem Anschreiben auf den Weg bringen, der Praktikant, der sich einen Einblick in die Arbeitswelt verschaffen will, ebenso wie der Hochschulabsolvent, der sich kurz vor dem Abschluss seines Studiums diversen Institutionen oder Unternehmen anbieten möchte. Und auch, wer einen Job als Hausmeister sucht, wer am Wochenende als Verkäuferin in einer Bäckerei arbeiten will, wer sich als Saison-Kellner vorstellen möchte oder als Autoverkäuferin, Buchhalter, Vertriebsmitarbeiterin, Manager oder Geschäftsführerin: Alle benötigen ein Anschreiben für ihre Bewerbung. **Am Anschreiben führt also kein Weg vorbei.**

Dieses Buch zeigt auf, wie Sie ansprechende, im positiven Sinn auffallende, überzeugende Bewerbungsanschreiben erstellen, die Sie Ihrem Ziel garantiert näher bringen. Egal ob auf **klassische** (auf Papier, per Post versandt) oder **digitale** Weise (E-Mail-Versand und Onlineformular, bei Letzterem oftmals als Motivati-

onsschreiben eingefordert): Der Türöffner zum Vorstellungsgespräch sind Ihre überzeugenden Bewerbungsunterlagen. Das Anschreiben ist dabei von besonderer Bedeutung. Und wer tut sich nicht schwer damit?!

Kurzum: Ein gutes Anschreiben überzeugend zu texten und attraktiv zu gestalten ist eine Kunst. Ihre Unterlagen müssen einen interessanten und kompetenten Eindruck beim Empfänger hinterlassen. Nur wer Interesse weckt, hat gute Chancen, sich auch persönlich bei der Besetzung eines Jobs vorstellen zu dürfen.

Was dieses Buch enthält: Wir zeigen Ihnen in diesem Buch **zahlreiche Beispiele** von diversen Kandidaten – vom Azubi bis hin zur Führungskraft – an ganz unterschiedliche Empfänger versandt – vom kleinen Handwerksbetrieb bis zum Großunternehmen. Auch vom Stil her präsentieren wir ganz verschiedene Varianten von klassisch über kreativ bis zu Sonderformen wie dem Nachfassschreiben oder Profil. Bitte beachten Sie, dass die Anschreiben in diesem Buch leicht verkleinert dargestellt sind. Im Original haben alle das Format DIN A4. Im Anschluss an die Beispiele kommentieren wir ausführlich, was besonders zur Nachahmung zu empfehlen ist und was Sie in Ihrem eigenen Anschreiben sogar noch besser machen könnten.

Nach dem großen Beispielteil finden Sie hinten im Buch unter dem Titel **Anschreiben maßgeschneidert** noch einmal eine genaue Anleitung **zum Verfassen und Gestalten Ihres Anschreibens**. Natürlich können Sie auch mit diesem Teil beginnen und dann erst die Beispiele betrachten.

Zwischendurch gibt es »in kleinen Häppchen« **Lektionen** mit Tipps fürs **Layout** Ihres Anschreibens.

Als **Online Content** stehen Ihnen die Anschreiben aus diesem Buch zum Bearbeiten im DIN-A4-Format zur Verfügung. Folgen Sie den Anweisungen auf: **www.berufundkarriere.de/onlinecontent**

Wir wünschen Ihnen viel Erfolg!

[Unterschriften]

---

* Die verwendete Sprachform dient der besseren Lesbarkeit und schließt immer auch das jeweils andere Geschlecht mit ein.

Die besten Beispiele erfolgreicher Kandidaten
Das Anschreiben in der E-Mail-Bewerbung

Nur etwa knapp 30 Prozent aller Bewerbungen werden noch »auf Papier« und per (klassischer) Post versandt – ein immer größer werdender Anteil von Bewerbern wählt die digitale Form per E-Mail mit Dateianhang.

Für E-Mail-Bewerbungen gibt es keine definierten Standards. Im Wesentlichen unterscheidet man jedoch zwischen drei Varianten.

Variante 1: In der Mailmaske stellen Sie sich und Ihr Angebot in **2–4 Zeilen** vor und verweisen auf die Anlagedatei/-en, in denen sich ein **Anschreiben, Lebenslauf** und **Zeugnis/-se** im PDF-Format befinden. Der Vorteil hier ist, dass Sie das Anschreiben nach Ihren Vorstellungen und passend zum Lebenslauf formatieren können. Wenn das Anschreiben direkt in der Mailmaske steht, ist dies nicht ohne Weiteres möglich und es ist unklar, wie das Mailprogramm des Empfängers den Text und eventuelle Formatierungen anzeigt. Außerdem kann Ihre Bewerbung bei dieser Variante vom Empfänger leichter komplett ausgedruckt werden. Alle Beispiele, die wir hier im Buch von S. 9–84 zeigen, sind sowohl für den Ausdruck auf Papier als auch für einen E-Mail-Anhang im PDF-Format geeignet.

Variante 2: Hier umfasst der Mail-Text etwa **2–4 Absätze** und enthält schon die wichtigsten Informations- und Angebots-Aspekte eines klassischen Anschreibens. Der Anhang enthält dann den **Lebenslauf** und die **Zeugnisse**. Bei einem Bruttoeinkommen von mehr als 35.000 Euro sollten Sie von dieser Variante absehen und eher Variante 1 wählen.

(Kombi-)Variante 3: Die Mail enthält Ihren Anschreibentext kombiniert mit den **wichtigsten Daten aus Ihrem Lebenslauf**. Nach bis max. vier Absätzen folgt die Verabschiedungsformel. Darunter setzen Sie dann noch die wichtigsten Daten und Stationen Ihres Werdegangs mit in die Mailmaske selbst. Diese Version eignet sich beispielsweise gut für den Erstkontakt bei einer Initiativbewerbung.

Im Hinblick auf den Anhang empfehlen wir Ihnen, möglichst alle Anlagen in einer Datei zu verschicken, da das für den Empfänger praktischer ist. Achten Sie aber auf die Dateigröße, fünf Megabyte sind das Maximum, kleiner ist für den Empfänger praktischer. Oft ist in der Stellenanzeige die maximale Dateigröße angegeben. Sie müssen auch nicht alle Arbeitszeugnisse und Ausbildungsnachweise beim ersten Kontakt per Mail mitschicken – die wichtigsten genügen. Mit einem Satz wie »Gerne reiche ich bei Interesse weitere Zeugnisse nach« im Anschreiben schaffen Sie klare Verhältnisse.

Wir zeigen Ihnen auf der folgenden Seite je ein Beispiel pro Variante, damit Sie sich ein Bild davon machen können. Entscheiden Sie, welche Variante zu Ihrer Bewerbung am besten passt.

Typische Fehler bei der E-Mail-Bewerbung:
- E-Mails samt Anhängen werden wahllos an viele Adressen verschickt.
- Die Bewerbungen beziehen sich nicht auf spezielle Inserate.
- Bewerber lassen oftmals jegliche Formalität außer Acht.
- Die Dokumente enthalten Viren.
- Die Dateinamen lassen keine eindeutige Zuordnung zu.
- Riesige Dateianhänge legen das komplette System lahm oder lassen sich gar nicht öffnen.

Und noch ein Tipp: Versenden Sie Ihre Unterlagen zum Test an sich selbst und drucken Sie sämtliche Dokumente einmal aus. Hierdurch können Sie bestimmte Formatierungsfehler sofort erkennen. Beachten Sie auch, dass manche kostenlosen E-Mail-Provider am Ende der Nachricht ungefragt Werbung platzieren. Dies können Sie ebenfalls mit einer Test-E-Mail erkennen und dann ggf. für Ihre Bewerbungsaktivitäten einen anderen Provider verwenden. Eine interessante Alternative zu umfangreichen Dateianhängen ist übrigens der Link auf die eigene Bewerbungshomepage. Hiermit können Sie einerseits detailliert über sich Auskunft geben und andererseits den Daten-Kollaps beim potenziellen Arbeitgeber verhindern.

Variante 1

Variante 2

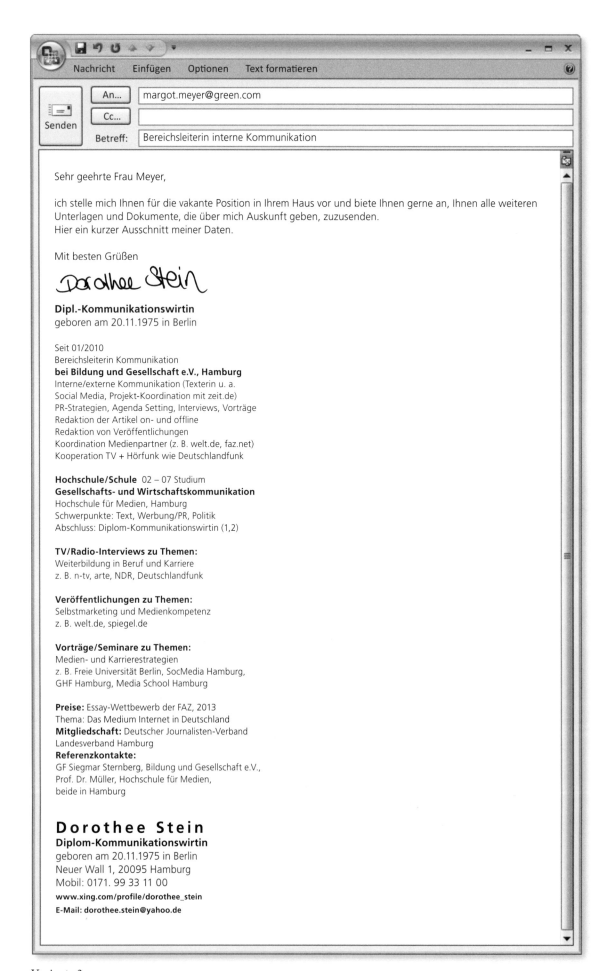

Nachricht **Einfügen** **Optionen** **Text formatieren**

An... margot.meyer@green.com

Cc...

Betreff: Bereichsleiterin interne Kommunikation

Sehr geehrte Frau Meyer,

ich stelle mich Ihnen für die vakante Position in Ihrem Haus vor und biete Ihnen gerne an, Ihnen alle weiteren Unterlagen und Dokumente, die über mich Auskunft geben, zuzusenden.
Hier ein kurzer Ausschnitt meiner Daten.

Mit besten Grüßen

Dorothee Stein

Dipl.-Kommunikationswirtin
geboren am 20.11.1975 in Berlin

Seit 01/2010
Bereichsleiterin Kommunikation
bei Bildung und Gesellschaft e.V., Hamburg
Interne/externe Kommunikation (Texterin u. a.
Social Media, Projekt-Koordination mit zeit.de)
PR-Strategien, Agenda Setting, Interviews, Vorträge
Redaktion der Artikel on- und offline
Redaktion von Veröffentlichungen
Koordination Medienpartner (z. B. welt.de, faz.net)
Kooperation TV + Hörfunk wie Deutschlandfunk

Hochschule/Schule 02 – 07 Studium
Gesellschafts- und Wirtschaftskommunikation
Hochschule für Medien, Hamburg
Schwerpunkte: Text, Werbung/PR, Politik
Abschluss: Diplom-Kommunikationswirtin (1,2)

TV/Radio-Interviews zu Themen:
Weiterbildung in Beruf und Karriere
z. B. n-tv, arte, NDR, Deutschlandfunk

Veröffentlichungen zu Themen:
Selbstmarketing und Medienkompetenz
z. B. welt.de, spiegel.de

Vorträge/Seminare zu Themen:
Medien- und Karrierestrategien
z. B. Freie Universität Berlin, SocMedia Hamburg,
GHF Hamburg, Media School Hamburg

Preise: Essay-Wettbewerb der FAZ, 2013
Thema: Das Medium Internet in Deutschland
Mitgliedschaft: Deutscher Journalisten-Verband
Landesverband Hamburg
Referenzkontakte:
GF Siegmar Sternberg, Bildung und Gesellschaft e.V.,
Prof. Dr. Müller, Hochschule für Medien,
beide in Hamburg

Dorothee Stein
Diplom-Kommunikationswirtin
geboren am 20.11.1975 in Berlin
Neuer Wall 1, 20095 Hamburg
Mobil: 0171. 99 33 11 00
www.xing.com/profile/dorothee_stein
E-Mail: dorothee.stein@yahoo.de

Variante 3

Erst Flop, dann top: Vorher-Nachher-Beispiele

Dr. Ing. Martin Olm ◆ Jacobistr. 1 ◆ 79098 Freiburg

Newman & Huber GmbH
Kennziffer NH2010B15
Herrn Timothy Wagner
Breisacher Str. 21
79098 Freiburg

Freiburg, 23.05.2016

Bitte strikt vertraulich behandeln

Newman & Huber GmbH sucht Maschinenbauingenieur (Produktionstechnik)

Sehr geehrte Damen und Herren, sehr geehrter Herr Wagner,

ich arbeite derzeit als Maschinenbauingenieur in ungekündigter Stellung; möchte jedoch in naher Zukunft vor allem international ausgerichtete Projekte innerhalb der Planung von Produktionsverfahren und neuen Betriebsstätten realisieren. Da sich Newman & Huber über die Landesgrenzen hinaus einen hoch geschätzten Ruf auf diesem Gebiet erworben hat, freut es mich umso mehr, dass sie jetzt Persönlichkeiten genau mit meinen Skills suchen!

Mein Profil: Eine kompetente Führungskraft

Ich biete höchstmögliche Ausbildungsabschlüsse, Erfahrung bei der Realisierung von ambitionierten Projekten, bei der Verbesserung von Produktionsverfahren und Betriebsstätten sowie Fähigkeiten im Bereich Koordination und Management durch vielfältige Führungserfahrung. Hierbei schätzt man nicht nur meine offene Art, sondern auch die Fähigkeit, eine Arbeitsgruppe gemeinsam zum vereinbarten Ziel zu führen.

Ihre Anzeige: Am 20. Mai 2015 in der „Süddeutschen Zeitung"

Ich biete Ihnen meine Mitarbeiter an, auf dem Hintergrund, – wenn wir uns einig werden zum nächstmöglichen Eintrittstermin (sagen wir mal 1. September 2016) und benenne hier mal grob meine Gehaltsvorstellung von etwa € 85.000 per anno.

Das passt? Hervorragend, dann sollten wir uns zu einem persönlichen Gespräch treffen!

Mit freundlichen Grüßen

Martin Olm

Dr. Ing. Martin Olm ◆ Jacobistr. 1 ◆ 79098 Freiburg ◆ martin.olm@web.de

Dr. Ing. Martin Olm ◆ Jacobistr. 1 ◆ 79098 Freiburg

Newman & Huber GmbH
Kennziffer NH2010B15

Herrn Timothy Wagner
Breisacher Str. 21
79098 Freiburg

Freiburg, 23.05.2016

Bitte vertraulich behandeln

Newman & Huber AG sucht Maschinenbauingenieur/-in (Produktionstechnik)

Sehr geehrter Herr Wagner,

derzeit arbeite ich als Maschinenbauingenieur in ungekündigter Stellung, ich möchte jedoch jetzt oder in naher Zukunft vor allem international ausgerichtete Projekte innerhalb der Planung von Produktions-verfahren und neuen Betriebsstätten realisieren. Da die Newman & Huber AG einen besonderen Ruf auf diesem Gebiet hat, biete ich Ihnen meine Mitarbeit an.

Mein Profil: Eine kompetente Führungskraft

Ich verfüge über sehr gute Ausbildungsabschlüsse, mehrjährige Erfahrung bei der Realisierung von ambitionierten Projekten, bei der Verbesserung von Produktionsverfahren und Betriebsstätten sowie Fähigkeiten im Bereich Koordination und Management durch vielfältige Führungserfahrung. Vorgesetzte, Kollegen und Mitarbeiter schätzen nicht nur meine offene Art, sondern auch die Fähigkeit, eine Arbeitsgruppe als Team zum vereinbarten Ziel zu führen.

Ihre Anzeige: Am 20. Mai 2016 in der „Süddeutschen Zeitung"

Sie suchen einen neuen Mitarbeiter mit meinem Background zum nächstmöglichen Eintrittstermin. Ich kann Ihnen einen Einstieg ab September anbieten und habe einen Gehaltswunsch, der sich um die € 85 Tsd. p. a. bewegt. Ist das für Sie akzeptabel?

Hervorragend, dann laden Sie mich doch bitte ein! Ich freue mich schon jetzt auf unser Gespräch!

Mit freundlichen Grüßen

Martin Olm

PS: Sie erreichen mich telefonisch zurzeit unter 0156 700 254 22.

Dr. Ing. Martin Olm ◆ Jacobistr. 1 ◆ 79098 Freiburg ◆ martin.olm@web.de

Zu den Anschreiben von Martin Olm, Maschinenbauingenieur

Auf den ersten Blick fallen beide Anschreiben-Versionen sofort als angenehm – mit interessanten Zwischenüberschriften – gestaltet und von der Länge her angemessen auf. Die Berufsbezeichnung des Absenders ist zwar unvollständig (welche Art von »Ing.« ist hier nicht ersichtlich, schade!), gibt aber wenigstens einen Hinweis darauf, mit wem man es zu tun hat.

Zur schlechten Version: Die Warn- und Mahnzeile ist übertrieben, in der verbesserten zweiten Version sehen Sie, wie man es smarter handhaben kann. Sofort negativ fällt auch die **Anrede** auf: »Sehr geehrte Damen und Herren« steht zuerst da und danach wird erst der namentliche Ansprechpartner aufgeführt – umgekehrt wäre es richtig! Eine Frage des Geschmacks ist, ob man an den Anfang der ersten Zeile das Wort »ich« setzen will. Alle genannten Aspekte des **Einstiegs** sind in der zweiten Variante deutlich besser gelöst.

Der **erste Absatz** der ersten Version ist leider ein schwacher, untauglicher Versuch, sich beim Empfänger einzuschmeicheln. Er enthält auch noch einen groben Fehler: Die Anrede »Sie« (5. Zeile) ist kleingeschrieben. Und auch der **zweite Absatz** spart nicht mit unangenehmen Selbstbeweihräucherungen. So etwas kann leicht Reaktanz (Widerstände) beim Leser auslösen.

Im **Schlussteil** formuliert der Schreiber plump vertraulich und viel zu umgangssprachlich. Dieser undistanzierte, vermeintlich persönliche Stil erweckt beim Empfänger sicher keine Sympathie. Ein weiterer Fehler (»Ich biete Ihnen meine Mitarbeiter an«) zeugt von mangelhafter Sorgfalt. Und seine Unterschrift hat der Bewerber leider auch nicht eingescannt.

Zur verbesserten Version: Jetzt haben wir die korrekte **namentliche Ansprache**, die gut ohne »Sehr geehrte Damen und Herren« auskommt. Auch wenn die drei Blöcke beibehalten werden – stilistisch hat sich hier einiges positiv verändert, weil jetzt selbstbewusst, aber nicht arrogant und übertrieben formuliert wurde. Die **Zeilenführung** entspricht besser dem zu transportierenden Sinn. Insgesamt hat das Anschreiben sich deutlich verbessert. Das PS mit Telefonnummer verstärkt durchaus den Wunsch, mit dem Bewerber in Kontakt zu treten.

Einschätzung

Neben der grafischen Gestaltung sind es natürlich vor allem Inhalt und Stil, die ein Anschreiben erfolgreich werden lassen. Die verbesserte Version hat gute Erfolgschancen!

---

1. Lektion   Papier: Stärke, Farbe und Format

Wenn Sie Ihre Bewerbung ganz klassisch in Papierform verschicken oder abgeben, dann lohnt es sich, das Papier mit Bedacht auszuwählen. Kreative Bewerber wählen z. B. eine besondere Papierfarbe. Dabei gehen sie entweder nach ihrem persönlichen Geschmack oder sie orientieren sich an den Hausfarben (Logo, Gesamtauftritt) der Unternehmen, bei denen sie sich bewerben. Entsprechende Überlegungen lassen erkennen, dass dem Bewerber diese Bewerbung wirklich wichtig ist. Er zeigt, dass er sich intensiv mit dem Empfänger seiner Unterlagen auseinandergesetzt hat.

Natürlich kennen Sie die nahezu unumstößliche Regel, Ihre Bewerbungsunterlagen auf Papier im Format DIN A4 zu erstellen. Dabei sind auch andere optisch ansprechende Lösungen vorstellbar. Ändern Sie doch einfach einmal mutig das Format. Ihr Schreibpapier kann etwas kleiner sein oder auch das übliche DIN-A4-Format übersteigen.

Genauso gut könnten Sie sich jetzt einfach dafür entscheiden, das A4-Format bei Ihrer Bewerbung als Querformat zu nutzen. Unternehmensberater präsentieren schließlich auch gerne ihre Ergebnisse oder Folien in diesem Format. Warum sollten Sie nicht Ihre Bewerbung einmal so aussehen lassen? Nur Mut! Sie könnten auch auf die Idee kommen, den Rand Ihrer Seite einzufärben oder die Ecken abzurunden (nutzen Sie hierzu einen »Eckstanzer rund«). Natürlich ist das sehr auffällig. Entscheiden Sie selbst, wie weit Sie gehen wollen, was für Ihre Branche und die angestrebte Position noch angemessen ist und was eventuell übers Ziel hinausschießt. Vergessen Sie nicht, dass der Umschlag zum neuen Format Ihrer Unterlagen passen muss.

Wichtig: Wenn Sie diese Möglichkeit für sich nutzen wollen, gehen Sie mit viel ästhetischem Fingerspitzengefühl vor und lassen Sie das Ergebnis von Menschen begutachten, die beruflich aus dem Grafikbereich kommen. Entscheiden Sie sich für eine angenehme Papiersorte (nicht zu dünn) und angemessene Farbe (nicht zu grell/bunt).

Tanja Ansbachler – Albertstraße 164 – 10039 Berlin
030/45464748 – Mobil 0177/7654321

Mercedes Benz Vertrieb Deutschland
Zentrales Personalwesen
z. H. Frau Lilo Dobenek
Potsdamer Platz 1
10785 Berlin

Berlin, 25.06.2016

Ihre Anzeige in der Berliner Morgenpost vom 24.06.2016
Automobil-Verkaufsberaterin

Sehr geehrte Damen und Herren,

mit viel Aufmerksamkeit habe ich Ihr Stellenangebot für eine
„Auto-Verkaufsberaterin" gelesen. Ich habe in jahrelanger Berufspraxis
gesammelt und mir in meiner Vertriebstätigkeit als Handelsvertreterin für
Tankstellenzubehör und Autoteile besondere technische Spezialkenntnisse
aneignen können. Daher bin ich mir sicher, den von Ihnen gestellten
Anforderungen recht schnell gerecht zu werden.

Ich arbeite sehr selbstständig, habe gerne auch Publikumsumgang (persönlich
sowie auch telefonisch) und bin in meiner Arbeitszeit wirklich absolut flexibel
einsetzbar.

Die freie Position könnte ich sofort antreten. Ich bin an einer langfristigen
festen Anstellung interessiert.

Über Ihre Einladung zu einem persönlichen Vorstellungsgespräch freue
ich mich sehr und verbleibe

mit freundlichen Grüßen

Tanja Ansbachler

Anlagen

Tanja Ansbachler ◆ Albertstraße 164 ◆ 10039 Berlin
030/45464748 ◆ Mobil 0177/7654321

Mercedes Benz Vertrieb Deutschland
Zentrales Personalwesen
Herrn Düsenberg
Potsdamer Platz 1
10785 Berlin

Berlin, 25.06.2016

Automobil-Verkaufsberaterin Ihre Anzeige vom 24.06.2016
Verkauf mit Herz und Verstand

Sehr geehrter Herr Düsenberg,

da ich sowohl über eine langjährige Berufs- und Verkaufspraxis verfüge
als auch große Begeisterung für das Thema Automobil mitbringe, möchte ich
Sie gerne von meinen Qualitäten als Verkaufsberaterin überzeugen, um zukünftig
für Sie tätig zu werden.

Seit ca. fünf Jahren bin ich als freie Handelsvertreterin für Autozubehörteile
und tanktechnische Artikel in ganz Ostdeutschland unterwegs. Dabei habe ich
Spezialkenntnisse in der Automobilwelt erworben.

Ich arbeite stets eigenverantwortlich und selbstständig, mag Publikumsumgang
(persönlich, aber auch telefonisch) und bin in meiner Arbeitszeit absolut flexibel.

Meine wichtigste Eigenschaft für die Automobil-Arbeitswelt ist jedoch
mein gut entwickeltes Verkaufs- und Organisationstalent. Es macht mir Spaß,
Kunden durch eine geschickte verkäuferische Argumentation zu überzeugen
und viele verschiedene Arbeitsaufgaben gezielt und zeitsparend aufeinander
abzustimmen.

Als leidenschaftliche Autofahrerin besitze ich nicht nur alle Führerscheine,
sondern interessiere mich zudem für alles, was mit Technik, Leistung und dem
Komfort der heutigen Autogeneration zu tun hat.

Die vakante Position kann ich zum 1. Oktober antreten.

Auf Ihre Einladung zum persönlichen Vorstellungsgespräch freue ich mich.

Mit freundlichen Grüßen

Tanja Ausbachler

Anlagen

Zu den Anschreiben von Tanja Ansbachler, Automobil-Verkaufsberaterin

Erster Eindruck: Zwei von der Optik her auffällig schmal gehaltene kurze Anschreiben mit breitem rechten Rand und in angemessenem Briefkopf-Design liegen zur Beurteilung vor. Leider lassen beide eine Berufsbezeichnung in der Nähe des Absendernamens vermissen. Einige andere Aspekte haben sich von der ersten zur zweiten Version deutlich verbessert.

Zur schlechten Version: Die **Ansprache** »Sehr geehrte Damen und Herren« im Anschreiben ist unbedingt zu vermeiden. Ein Anruf genügt, oft sogar ein Blick auf die Unternehmenswebsite, und man kann in der Regel den Ansprechpartner namentlich benennen. In der dritten Zeile des **ersten Abschnitts** fehlt ein Wort (»Erfahrungen«). Der übrige Text ist zwar schlicht, aber durchaus noch im Rahmen dessen, was man einem Empfänger zumuten kann. Weder die Betreffzeile noch die sonstigen Formulierungen weisen positive Besonderheiten auf, lediglich das fett geschriebene Wort »Auto-Verkaufsberaterin« fällt ins Auge. Insgesamt noch halbwegs ordentliches Handwerk, wobei die sofortige Verfügbarkeit eher für eine Notlage und damit leider gegen die Bewerberin spricht. Auch eher ungünstig ist die auffällig große und langgezogene Unterschrift, die unübersehbar gen Himmel aufsteigt. Das sollte zurechtgerückt werden.

Zur verbesserten Version: Eine verbesserte Betreffzeile und fünf fett gedruckte Zeilen im Anschreibentext lassen die Botschaften hier schon deutlich leichter sowohl ins Auge als auch ins Herz des Lesers einziehen. Die wichtigsten Aussagen springen den Leser regelrecht auf den ersten Blick an. Die **Zeilenführung** entspricht dem Gedanken und unterstützt beim Lesen. Insgesamt ist hier mit deutlich mehr Sorgfalt, weniger Einfalt und etwas Gefühl getextet worden. Und das ist gut so!

Einschätzung

Ein emotionalisierter Text wird seine positive Wirkung nicht verfehlen. Die verbesserte Variante ist (auch mit ihren gelungenen Hervorhebungen durch Fettungen im Text) ein gutes Beispiel dafür, zumal die Bewerberin so den Stil der Stellenanzeige (siehe unten) spiegelt.

Automobil-Verkaufsberaterin

Wir suchen Sie.

Wollen Sie den guten Stern unterstützen und voranbringen, sich in den Dienst der besseren Sache stellen, dem sicheren und besseren Fahren ganz verschreiben?
Mit Herz und Verstand verkaufen Sie, wovon andere träumen und was immer mehr sich endlich gönnen. Unsere Autos verdienen es und Sie verdienen gut mit unseren Autos.
Schicken Sie Ihre aussagefähige Bewerbung an ...

2. Lektion	**Schrift: Schriftgrößen**

Grundtexte, wie etwa Anschreiben oder Lebenslauf, schreibt man meist in 10- bis 13-Punkt-Größe. Überschriften, z. B. innerhalb des Lebenslaufes, setzt man ca. 2 bis 3 Punkt größer als den Grundtext, also 12 bis eventuell 16 Punkt und fett. Fensterzeilen (Absender) haben in der Regel 8, 7 oder 6 Punkt, kleiner ist der Text für das normale Auge schwer lesbar. Antiqua- und Schreibschriften (siehe auch S. 33) sind oft bei gleicher Punktgröße kleiner als z. B. Arial. Hier müssen Sie die Schriftgröße nach oben korrigieren, bis sie Ihnen groß genug und lesbar erscheint. Gehen Sie mit Ausnahmen – ganzen Textpassagen oder Stichworten, die Sie bewusst größer, prominenter erscheinen lassen wollen – äußerst sparsam um.

Das passende Anschreiben je nach Absender

Ausbildungsplatzsuchende

Stadt Münster / Grünflächenamt
Herrn Max Reinartz
Kastanienallee 106
48310 Münster

Grünmann

Julia Grünmann
Heldenstraße 97
48323 Münster
Tel.: 0251 5459898
gruenmann@gmx.de

Münster, 24. September 2016

Mein grüner Daumen für die Stadt Münster

Sehr geehrter Herr Reinartz,

vielen Dank für das freundliche Telefonat heute Morgen. Ich freue mich sehr, dass
die Stadt Münster noch freie Ausbildungsplätze im Grünflächenamt hat, und bewerbe
mich hiermit um meinen Traum-Ausbildungsplatz als Gärtnerin.

Im nächsten Sommer werde ich die Schule mit dem Abschluss der mittleren Reife
verlassen und möchte dann den Beruf der Gärtnerin erlernen. Seit meiner Kindheit helfe
ich meinen Großeltern begeistert bei der Pflege ihres Schrebergartens. In den letzten
drei Schuljahren konnte ich außerdem in der AG Feuchtbiotop viele Erfahrungen sammeln.

Als auszubildende Gärtnerin möchte ich gerne dazu beitragen, das Erscheinungsbild
meiner Heimatstadt Münster zu pflegen und zu verschönern. Ich freue mich sehr auf die
Einladung zu einem Vorstellungsgespräch.

Mit freundlichen Grüßen

Julia Grünmann

Anlagen

Jonas Becker
Schönhauserstraße 66
01100 Dresden

Tel.: 0351 8899022

Universitätsklinikum Rostock
Anstalt öffentlichen Rechts
Pflegedienstleitung
Frau Schöller
PF 12 08 88
18056 Rostock

Dresden, 25.10.2016

Bewerbung um einen Ausbildungsplatz
zum Gesundheits- und Kinderkrankenpfleger

Sehr geehrte Frau Schöller,

pflegen, **helfen** und **begleiten**, so stelle ich mir meine berufliche Zukunft vor.

Die Ausbildung zum Gesundheits- und Kinderkrankenpfleger in der
Universitätsklinik Rostock ist deshalb mein größter Wunsch.

Vom September 2015 bis zum Februar 2016 − nach dem Abschluss an der
Realschule in Dresden − habe ich bereits ein Pflegepraktikum zur Vorbereitung
auf den Beruf des Gesundheits- und Kinderkrankenpflegers im Klinikum Salzgitter
begonnen.

Auf der Station und bei der praktischen Arbeit habe ich mich stets sehr engagiert
und die Arbeit hat mir immer große Freude und persönliche Erfüllung bereitet.

Mehrere freiwillige Praktika im Pflegebereich verschiedener Dresdner Krankenhäuser
haben mir danach ganz klar gezeigt, dass die Kinderkrankenpflege weiterhin mein
Wunschberuf ist und bleibt und ich diesen jetzt mit 100%igem Einsatz erlernen will.

Im Vorstellungsgespräch möchte ich Sie davon überzeugen, dass ich eine
Ausbildung mit Elan und Ergeiz durchziehen kann und einen erfolgreichen Abschluss
machen werde.

Auf einen Terminvorschlag von Ihnen freue ich mich und verbleibe für heute

mit freundlichen Grüßen

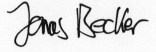

Zu den Anschreiben der Ausbildungsplatzsuchenden

Ausbildungsplatzsuchende Julia Grünmann, Beruf Gärtnerin

Mit einfachen Mitteln schafft die junge Bewerberin es, einen optisch sehr überzeugenden Eindruck zu machen. Erster Hingucker ist das **Logo** oben rechts. Hier hat sie ihren Namen in Verbindung mit geometrischen Formen in Szene gesetzt. Das Logo und die Hintergrundgestaltung als Gesamtbild erinnern an eine Landschaft – das passt hier gut. In welchen Farben unsere Bewerberin ihr Anschreiben im Original versendet, können Sie sich bestimmt vorstellen … Mit diesem Logo fällt sie auf und bietet dem Auge des Lesers eine Art roten Faden (besser: einen grünen Faden), da sich die Grafik auch auf den Seiten des Lebenslaufes wiederfindet. Natürlich braucht nicht jeder Bewerber gleich sein eigenes Logo zu entwerfen, es geht uns hier vielmehr um eine Chance, die wir aufzeigen wollen.

Julias Anschreiben beginnt mit dem Hinweis auf ein **Telefonat**. Das klingt freundlich und zeigt, dass sie versucht hat, einen persönlichen Ansprechpartner herauszufinden. Der Ausdruck »Traum-Ausbildungsplatz« vermittelt echte **Begeisterung**. Der nächste Abschnitt verstärkt diesen Eindruck: Julia Grünmann schreibt, dass sie sich schon jetzt als Hobbygärtnerin engagiert, und sammelt damit weitere Pluspunkte. Überzeugend wirkt auch der **Abschluss**, bei dem sie betont, dass sie gerade in Münster für das Grünflächenamt arbeiten möchte.

Einschätzung

Optisch und inhaltlich ist das Anschreiben wunderbar gelungen. Damit weckt man Aufmerksamkeit und bekommt eine Einladung zum Vorstellungsgespräch.

Ausbildungsplatzsuchender Jonas Becker, Beruf Gesundheits- und Kinderkrankenpfleger

Dies ist ein schlichtes und gerade deswegen sehr schön gestaltetes Anschreiben, das bereits ab der ersten Textzeile mit den drei Schlagworten »pflegen, helfen, begleiten« als **Einstieg** überzeugt und den Leser in seinen Bann zieht. Eine gut formulierte Darstellung der **Motivation**, unterstützt durch sowohl emotionale als auch sachlich beeindruckende **Argumente** (mehrere Praktika), spricht für die unbedingte Einladung des Ausbildungsplatzsuchenden. Daran könnten jetzt selbst ein nur durchschnittliches Schulzeugnis und ein langweilig aufbereiteter Lebenslauf nichts mehr ändern. Aber unser Ausbildungskandidat kann sicherlich auch mit diesen Anlagen punkten.

Einschätzung

Auch ohne große grafische Besonderheiten, allein durch den sorgfältigen, gefühlvollen Text, überzeugt das Anschreiben und bekommt die volle positive Aufmerksamkeit.

Bewerben als Azubi

Ihr Ziel: ein Ausbildungsplatz! Ihre Chancen stehen aktuell nicht schlecht, denn gute, lernmotivierte Azubis werden wieder stark gesucht. Sie können ganz optimistisch an Ihr Anschreiben herangehen.

Wichtig: Ihre Motivation für den Ausbildungsberuf und Ihre Lernbereitschaft. Zeigen Sie, dass Sie sich gut vorbereitet und mit dem Berufsbild, den Ausbildungsinhalten etc. intensiv auseinandergesetzt haben.

Diese Fehler sollten Sie vermeiden: Langweilige Standardanschreiben aus dem Internet übernehmen. Ihre Motivation für den Ausbildungsberuf nicht vermitteln.

Tipps: Stellen Sie Ihre besondere Lernmotivation dar, indem Sie z. B. auf erste Erfahrungen in dem Berufsfeld oder auf Gespräche mit Berufsvertretern oder Freunden/Familienmitgliedern, die in diesem Bereich tätig sind und so etwas wie eine Vorbildfunktion für Sie haben, verweisen. Ihr Anschreiben darf ruhig kurz, muss aber fehlerfrei sein. Zusammengefasst: Mit einem sehr ordentlichen Anschreiben mit einem kleinen Schuss Kreativität, etwas mehr als nur »sauber«, überzeugen Sie am leichtesten.

Extratipp: Geben Sie wenn irgend möglich Ihre Bewerbung persönlich ab. Vielleicht kommt es zu einem kleinen (Vor-)Gespräch.

philine jensen

Visuelle Kommunikation ■ UdK Berlin

Stendaler Str. 10, 10559 Berlin
Tel: 030 – 261 4338
Handy: 0161 – 686 7629
E-Mail: philinej@gmx.de

Agentur Urknall
Jan Markatis
Jeverweg 5
40410 Düsseldorf

Berlin, 5. Juli 2016

Bewerbung als Praktikantin im Bereich Creation

Sehr geehrter Herr Markatis,

nach unserem ausführlichen, sehr angenehmen Telefonat, für das ich mich
sehr herzlich bei Ihnen bedanken möchte, hier wie besprochen meine
vollständigen Bewerbungsunterlagen.

Für ein Praktikum bei Ihnen habe ich mir die gesamte Dauer meines Winter-
semesters (bis Ende März 2017) reserviert.

Als fortgeschrittene Studentin der Visuellen Kommunikation, Bereich Grafikdesign mit dem Schwerpunkt Kultur, verfüge ich bereits über
vielseitige Erfahrungen in verschiedenen Zweigen von Werbeagenturen.

Durch Praktika, Mitarbeit sowie Teilnahme an Werbekongressen in Deutschland
und Australien erprobte ich das Gestalten und Assistieren bei Produktwerbung
und Wettbewerben.

Zu meinen persönlichen Stärken gehören neben dem konzeptionellen Denken
ausgeprägte Kommunikationsfähigkeit sowie planerisches und zielorientiertes
Vorgehen. Mein großer Wunsch, als Grafik-Designerin im Bereich Creation
zu arbeiten, entsteht aus meiner Freude an der Gestaltung von Ideen.
Als durchaus reizvoll empfinde ich dabei die Kombination aus kreativer Arbeit
im Ideenfluss eines Teams mit den damit verbundenen Stressphasen.

Auf die Gelegenheit zu einem persönlichen Gespräch freue ich mich.

Mit freundlichen Grüßen aus Berlin

Philine Jensen

Anlagen

Ole Rehm (Student der BWL), Hauptstr. 16, 25659 Großkösel
0160 22 23 33   o.rehm@web.de   www.xing.com/profile/ole_rehm

PWC
Wirtschaftsprüfungsgesellschaft
Personalmarketing
Frau Fischer
Frankfurt am Main

Großkösel, 25.09.2016

Bewerbung um ein Praktikum im Bereich Steuerberatung

Sehr geehrte Frau Fischer,

danke für die telefonischen Auskünfte. Hier wie besprochen meine Kurzbewerbung um ein Praktikum.
Ich studiere an der Johann Wolfgang Goethe Universität Frankfurt am Main Wirtschaftswissenschaften mit Schwerpunkt Rechnungslegung & -prüfung, Controlling und Steuerlehre.

Ein dreimonatiges Praktikum durfte ich in diesem Sommer in New York bei BCG absolvieren.
Jetzt hoffe ich, Sie geben mir die Chance, ab Januar 2017 für sechs Monate bei Ihnen etwas zu lernen.

Mut, Kreativität und Eigenverantwortlichkeit sind die Maximen meiner bisherigen Entwicklung.
Sie werden nach meinem Studienabschluss auch mein berufliches Engagement prägen.
Gerne würde ich diese Eigenschaften, gepaart mit meiner im Studium erworbenen fachlichen
Qualifikation, als Praktikant für den Bereich Steuerberatung in eines Ihrer Teams einbringen.

Zurzeit befinde ich mich in der finalen Phase meiner Bachelorarbeit zum Thema
„Einbeziehung von Förderprogrammen in die Budgetierung eines Start-up-Unternehmens".
Nach meiner Prüfung im Frühjahr strebe ich die Fortsetzung meines Studiums mit dem Ziel MA an.

Zeitlich stehe ich Ihnen für ein Auswahlgespräch ab dem 1. Oktober sehr gerne zur Verfügung und
freue mich schon jetzt auf ein persönliches Kennenlernen.

Mit freundlichen Grüßen aus dem Norden

Ole Rehm

Anlagen

Zu den Anschreiben der Praktikumsbewerber/-innen

Praktikumsbewerberin Philine Jensen, Grafikdesign

Ganz klar, bei diesem Anschreiben handelt es sich schon um eine Art (vorentscheidende) **Arbeitsprobe**, denn die junge Bewerberin wünscht sich einen Praktikumsplatz in einer renommierten Werbegrafik-Agentur. Das ist eine ernst zu nehmende Herausforderung. Unsere Kandidatin startet sehr selbstbewusst mit einem interessant getexteten **Absender** (Visuelle Kommunikation …). Darauf muss man erst einmal kommen. Gute Idee! Ja, so kann man es durchaus machen, um wahrgenommen zu werden!

Sofort auffällig: die starke Linksorientierung, rechts ein relativ breiter Rand! Vorab wurde offensichtlich erfolgreich **telefoniert**. Also, warum dies nicht auch zur Eröffnung nutzen? Inhaltlich ist in diesem Schreiben ordentlich argumentiert, aber die Bewerberin hat keine außergewöhnliche Text- oder Design-Idee realisiert. Muss sie auch nicht, denn gerade im **Kreativbereich** liebt man es eher klassisch-konservativ. Erstaunt? Überlegen Sie mal: Wenn man stets das Neue erfinden muss, jederzeit kreativ ist … Die verrückte Idee (nur beispielhaft hier angeführt), alles in Spiegelschrift zu setzen, um aufzufallen, wäre wohl ein absolutes Ausschlusskriterium, würde jedenfalls in ihrer Kreativität nicht wertgeschätzt. Das aber muss man erst einmal wissen …

Einschätzung

Positiver unspektakulärer erster Eindruck, der – wenn die anderen Unterlagen stimmig sind – die Chancen auf ein Vorstellungsgespräch nicht schlecht aussehen lässt.

Praktikumsbewerber Ole Rehm, Betriebswirtschaft: Steuerberatung

Ein fast unspektakuläres (wenn auch mit interessanter Form der **Absendergestaltung** – »Student der BWL«), aber doch sehr sorgfältig getextetes Anschreiben, das argumentativ mit jedem Absatz mehr und mehr gewinnt. Die **Absätze** sind kurz und übersichtlich, transportieren aber inhaltlich alle wichtigen Kriterien, die

eine Auswahl und Einladung positiv entscheiden können. Natürlich ist ein Praktikum in New York bestens geeignet, um zu beeindrucken. Auch die **Selbstbeschreibung** (dritter Absatz) hat etwas sehr Gewinnendes und ist in dieser Branche eher untypisch (Stichwort Mut). Der **fett gesetzte Satz** jedenfalls springt den flüchtigen Leser an und wird Wirkung zeigen. Lediglich in der zweiten Zeile des ersten Absatzes würden wir eine Änderung empfehlen: Indem man »Universität Frankfurt a. M. Wirtschaftswissenschaften« schreibt, kann man hier die Trennung am Zeilenende, das Auseinanderreißen, vermeiden (Stichwort **Zeilenführung**).

Einschätzung

Sehr ordentliches und inhaltlich gut getextetes Anschreiben mit interessant gestaltetem Absender in der Kopfzeile.

Bewerben als Praktikant/-in

Gute Praktikumsplätze sind heiß begehrt, da muss man sich richtig ins Zeug legen. Und natürlich gibt es Unterschiede zwischen einem Schülerpraktikum für 14 Tage und einem sechsmonatigem Studentenpraktikum und sonstigen Praktika.

Wichtig: Vermitteln Sie den tieferen Grund Ihres Interesses, in diesen Bereich hineinschauen und auf diesem Gebiet etwas lernen zu wollen. Verdeutlichen Sie, dass Sie hilfsbereit sind und alles (na ja, fast alles …) tun werden, was man Ihnen aufträgt.

Diese Fehler sollten Sie vermeiden: Sich zu wenig Mühe zu geben und zu unterschätzen, dass gute Praktikumsanbieter ihre Praktikanten sehr sorgfältig und nach strengen Kriterien aussuchen.

Tipps: Ihr Anschreiben sowie die ganze Bewerbung müssen schon ziemlich professionell sein, schließlich sind sie eine erste Arbeitsprobe. Bei einem Schülerpraktikum gilt: Sauberkeit und Sorgfalt sind das Wichtigste.

Nina Prause

Safranstr. 150 – 70184 Singen – Mobil: 0171 2121999 – E-Mail: nina.prause@web.de

Parkkrankenhaus Wiesbaden
Herrn Chefarzt
Prof. Dr. med. Matthäus Scheck
Anästhesiologie und Intensivmedizin am Parkkrankenhaus
Lilo Herrmann Str. 58
50178 Wiesbaden

Singen, 19. September 2016

Bewerbung als Assistenzärztin

Sehr geehrter Herr Professor Scheck,

mein Wunsch, eine Facharztausbildung in Ihrer Abteilung zu beginnen, ist der Anlass, mich Ihnen heute vorzustellen.

Ich habe den dritten Abschnitt des Staatsexamens im Juli dieses Jahres absolviert und konnte im Praktischen Jahr bei Herrn Prof. Dr. Kern im Spital Herzberg bereits die chirurgische Seite der Intensivmedizin kennenlernen.

So war ich als Unterassistentin voll in die Stationsarbeit eingebunden und habe eigenständig Patienten von der Prämedikation bis zur Entlassung begleiten dürfen. Während dieser Zeit konnte ich mir wesentliche Grundlagen sowohl der Anästhesiologie als auch der Intensivmedizin aneignen.

Mein Wunsch, als Fachärztin der Anästhesiologie zu arbeiten, resultiert unter anderem daraus, dass ich die Kombination von Patientenkontakt, reibungsloser Zusammenarbeit und störungsfreiem Informationsaustausch mit den chirurgischen Kollegen sowie die „Alarmbereitschaft", sich auf kritische Fälle sofort einstellen zu können, sehr reizvoll finde.

Meinen Dienst könnte ich sofort beginnen.

Gerne würde ich im schönen Wiesbaden leben und freue mich auch deshalb auf einen Besuch bei Ihnen.

Mit freundlichen Grüßen

Nina Prause

Anlagen

Lukas Andersch
Master of Science Physik

Marienweg 18
12345 Berlin
Tel.: 030 882211
E-Mail: lukas.andersch@vhb.de

Lukas Andersch • Marienweg 18 • 12345 Berlin

Laser & Partner GmbH
Herrn Dr. Stephan Maier
Müllerstr. 777
80808 München

10.10.2016

Unser Telefonat heute Vormittag
Stellenangebot Bereichsassistenz Experimentalphysik

Sehr geehrter Herr Dr. Maier,

vielen Dank für das ausführliche Gespräch.
Hier, wie verabredet, meine Unterlagen.

Seit Juli 2016 habe ich den Master of Science in Physik.
An der Universität habe ich mich bereits intensiv mit Fragen
der Experimentalphysik befasst. Neben meinen fundierten
Kenntnissen verfüge ich zusätzlich über den praxisbezo-
genen Einblick in die Präsentation von Forschungsergeb-
nissen und die Beantragung von Forschungsmitteln.

Sehr gerne möchte ich als Bereichsassistent tätig werden
und mein Wissen auf dem Gebiet der Experimentalphysik
sowie mein Engagement in Ihrem Hause einbringen.

Ich würde mich freuen, bald von Ihnen zu hören;
bis dahin verbleibe ich

mit freundlichen Grüßen aus Berlin

Lukas Andersch

PS: Ich freue mich, wenn wir unser spannendes Gespräch
über Astrophysik fortsetzen können.

Zu den Anschreiben der Hochschulabsolventen und -absolventinnen

Hochschulabsolventin Nina Prause, Medizin

Wir haben sie schon mehrmals thematisiert, weil sie wirklich wichtig ist: die **Berufsbezeichnung** hinter dem Namen. In diesem Beispiel vermissen wir sie! Das ist doch ein »Geschäftsbrief«, ergo gehört die Berufsbezeichnung in der Nähe des Namens unbedingt dazu. Vielleicht hat die junge Medizinerin noch keine starke berufliche Identität entwickelt. Das wäre schade, aber wir lernen daraus.

Ansonsten: Optisch ein eher unspektakuläres und dennoch nicht langweiliges, klassisch-konservatives Anschreiben mit etwa fünf Absätzen. Die **Zeilenführung** ist bis zum vorletzten Absatz in Ordnung. Es kommt schon auch darauf an, wie man den Zeilenumbruch gestaltet. Schauen Sie sich das intensiv an und vergleichen Sie die ersten drei mit dem vierten Absatz. Zugegeben, die meisten Schreiber machen sich da keine Gedanken, aber hier ist im vierten Absatz (»Mein Wunsch …«) zu oft getrennt worden, was eigentlich zusammengehört.

Alles andere im Anschreiben verhält sich regelkonform, von der einfachen **Betreffzeile** über den **Anlass**, die Beschreibung der **Ausgangssituation** und des **Erfahrungshintergrundes** bis hin zur **Motivation**.

Einschätzung

Mit einer Überarbeitung der Zeilenführung des vierten Absatzes würde dieses Anschreiben noch mehr gewinnen.

Hochschulabsolvent Lukas Andersch, Physik

Ein absolut kurzes, aber doch völlig ausreichendes Anschreiben. Natürlich fällt es durch die **grafische Gestaltung**, die Platzierung des schmalen Textes und die **Linienführung** besonders auf. Und selbstverständlich schauen alle auf das **PS** (Sie wahrscheinlich auch, oder?). So etwas wird immer sofort gelesen.

Gut, dass vorher **telefoniert** wurde. Da braucht es auch gar nicht mehr viele Worte und Überzeugungsarbeit im Anschreiben.

Einschätzung

Schöne Idee, gute Gestaltung! Dann noch das Vorabtelefonat – da spielt der Inhalt des Anschreibens schon beinahe eine untergeordnete Rolle.

Bewerben als Hochschulabsolvent/-in

Je nachdem, was Sie studiert haben, haben Sie es in wenigen Fällen relativ leicht, in den meisten aber müssen Sie wahrscheinlich einige Bewerbungen schreiben, um ans Ziel zu gelangen. Von Ihnen wird viel erwartet. Zeigen Sie, dass Sie sich sprachlich gewandt ausdrücken können und wie viel Mühe Sie sich mit Ihrer Bewerbung gemacht haben.

Wichtig sind exzellente, aussagekräftige, überzeugende Unterlagen mit einem ausgefeilten Anschreiben auf höchstem Niveau. Eine ganz schöne Herausforderung, insbesondere wenn man sich bereits vor dem Abschluss bewirbt und eigentlich noch in der Prüfungsphase steckt. Das aber wird auf der Auswählerseite gerne gesehen, vorausschauende Planung!

Diese Fehler sollten Sie vermeiden: Schwache bis lieblose Texte (und Unterlagen) ohne Aussagen und Biss! Aber beinahe genauso gefährlich sind verkrampfte, vermeintlich gehobene Formulierungen, in denen ein Fremdwort das nächste jagt.

Tipps: Fleiß wird belohnt, Massenanschreiben werden bestraft. Machen Sie sich schlau, aber nicht nur im Internet. Gehen Sie notfalls lieber zu einem Profi, als eine Ablehnung nach der anderen zu kassieren. Verweisen Sie auch auf Nebenjobs, die Ihr Studium mitfinanziert haben und Ihnen bereits Einblicke in die Arbeitswelt gegeben haben (selbst wenn Sie Hamburger über den Tresen gereicht haben, hatten Sie Umgang mit Kunden). Ihre Chance ist eine sehr individuell zugeschnittene Bewerbung (inkl. Anschreiben) mit viel Vorab-Recherche und möglichst einem deutlich erkennbaren roten Faden, was Ihre Studien- und Berufswahl anbetrifft.

Susanne Herfurth Diplom-Bankbetriebswirtin ◆ Büttnerstraße 9 ◆ 04103 Leipzig

---

Telefon: 0341 9839017 ◆ Mobil: 0172 6554738 ◆ E-Mail: Susanne.Herfurth@web.de

Susanne Herfurth ◆ Büttnerstraße 9 ◆ 04103 Leipzig

Volksbank Raiffeisenbank eG
Herrn Dr. A. Albers
Leipziger Straße 234
01067 Dresden

Leipzig, 19. Juni 2016

Vorstandsmitglied (Privatkunden)
Stellenangebot auf den Internetseiten der Volksbank

Sehr geehrter Herr Dr. Albers,

seit Langem gilt mein besonderes Interesse dem Privatkundengeschäft, sodass ich gerne als Vorstandsmitglied mit dem Fokus auf Privatkunden für Sie tätig werden möchte.

Mein Arbeitsschwerpunkt liegt bereits seit vielen Jahren im Bereich der Privatkunden und ich habe im Vertrieb kontinuierlich und mit großer Nachhaltigkeit überdurchschnittliche Erfolge erzielt. Dabei bereitet mir das konzeptionelle Arbeiten ebensolche Freude wie der serviceorientierte Umgang mit unseren Kunden und die ergebnisorientierte Führung und Motivation der Mitarbeiter.

Durch eine klare, direkte personenbezogene Führung und eine individuell an den Stärken der Mitarbeiter ausgerichtete Förderung sowie die Übertragung von Verantwortung herrscht unter meinen Mitarbeitern eine große Zufriedenheit und somit auch eine enorm hohe Leistungsmotivation, was in meinen Augen eine der wichtigsten Grundlagen für wirtschaftlichen Erfolg bildet. Außerdem macht es mir Spaß, meinen Mitarbeitern (beispielsweise in puncto Kundenorientierung) mit gutem Beispiel voranzugehen, sie für ihre Aufgaben zu begeistern und so zu Höchstleistungen zu motivieren.

Sehr gerne möchte ich meine Führungsqualitäten sowie meine Fachkompetenz künftig für die Volksbank Dresden einsetzen und freue mich über Ihre Einladung zu einem Vorstellungsgespräch. Bis dahin verbleibe ich

mit freundlichen Grüßen nach Dresden

Susanne Herfurth

PS: Ich darf Sie herzlich von meinem Mentor, Herrn Dr. Maierhoff aus Leipzig, grüßen. Er ist über mein Vorhaben informiert und steht Ihnen für Fragen gerne zur Verfügung.

Anlagen

Dr. Elwert T. Ehrstein-Eggers

60 East 65th Street • New York, NY 10065, USA • Phone 1 – 212 – 288 – 1048

New York, 03.05.2016

Sehr geehrter Herr Dr. Weidenfels,

für die vakante Position „Vorsitz Geschäftsführung"
der internationalen Automotiv Petrochemie Industrie AG
übersende ich Ihnen hiermit meine Bewerbungsunterlagen.

Seit über zehn Jahren bekleide ich Führungspositionen
in der Kautschuk-Industrie mit Aufgabenschwerpunkten
im Bereich Marketing und Vertrieb.
Vom Gesamtvertriebsleiter Deutschland bis zum CEO
von BAKER US habe ich nationale wie internationale
Leitungs- und Vertriebsaufgaben erfolgreich wahrgenommen.

Ende 2018 läuft mein Vertrag regulär aus und ich möchte
anlässlich dieser Gelegenheit eine deutliche Neuorientierung
vornehmen.

Die Übernahme der unternehmerischen Gesamtverantwortung
im Bereich Automotiv-Industrie ist in diesem Zusammenhang
eine überaus reizvolle Herausforderung.

Meine Kündigungsfrist beträgt sechs Monate zum Jahresende.
Mein derzeitiges Jahreseinkommen beträgt EUR 250.000 – fix.

Für ein Gespräch stehe ich Ihnen sehr gerne zur Verfügung.

Mit besten Grüßen aus New York nach Frankfurt

Elwert T. Ehrstein-Eggers

Zu den Anschreiben der Führungskräfte

Führungskraft Susanne Herfurth, Diplom-Bankbetriebswirtin

Vom ersten optischen Eindruck her wirkt dieses Anschreiben nicht spektakulär, aber solide mit einem ansprechend gestalteten **Absenderkopf** mit **Berufsbezeichnung**. Sowohl das **Absender**- als auch das **Empfängerfeld** enthalten alle wichtigen Daten. Die **Betreffzeile** ist textlich nicht außergewöhnlich, aber angemessen.

Sinnvolle **Abschnitte** gliedern den Text, wenn auch die **Zeilenführung** nicht ganz optimal ist. Blocksatz wirkt leider immer etwas leblos und steif. Das Anschreiben formatiert man besser linksbündig. Den **Einstieg** hat die Bewerberin überzeugend getextet, und auch im **Mittelteil** gelingt ihr eine gute Selbstpräsentation. Misslungen ist allerdings der »Bandwurmsatz« zu Beginn des dritten Absatzes. Er sollte besser in zwei Sätze aufgeteilt werden. Der **letzte Abschnitt** wirkt freundlich, motiviert und optimistisch.

Das Highlight dieser Bewerbung ist das **PS**, mit dem Frau Herfurth sich sicher von anderen Kandidaten abhebt und das Interesse des Empfängers weckt. Die Angabe eines guten Referenzkontaktes, den der Empfänger persönlich kennt, ist ein großer Pluspunkt.

Einschätzung

Insgesamt wirkt der Text der Bewerberin sachlich und angenehm, ganz entsprechend der angestrebten Position. Durch das PS erhöht sie ihre Chancen sicher noch einmal deutlich.

Führungskraft Dr. Elwert T. Ehrstein-Eggers, Vorsitzender Geschäftsführung, Industrie

Dieses Anschreiben unterscheidet sich in seiner sehr selbstbewussten Darbietungsform deutlich von allen bisher hier vorgestellten. Es verzichtet einfach auf das Empfänger-Adressfeld und die Betreffzeile. Der in New York lebende Absender interessiert sich für den Vorsitz der Geschäftsführung.

Sein Bewerbungsanschreiben startet fast wie ein privater Brief und wäre auch handschriftlich gut vorstellbar – das könnte bei einem Job mit einem Einkommen über 250.000 Euro p. a. eine interessante Variante darstellen. Es kommt aber auch auf die Handschrift (leserlich?) an. Ab 200.000 Euro Jahreseinkommen wird gelegentlich zu diesem Stilmittel gegriffen. Die hier im Text genannte Einkommensklasse signalisiert sofort, dass es sich um einen besonderen Bewerber handeln muss. Sein Schreibstil – wenn auch kurz und knapp gehalten – erinnert dabei an einen narrativen Lebenslauf und bringt selbstbewusst die immer heikle Verdienstfrage schnell auf den Punkt.

Einschätzung

Eine interessante Selbstpräsentation mit narrativen Lebenslaufanteilen bereits im Anschreiben. **Anmerkung:** Es gibt eine Menge interessante Formen, sich zu präsentieren. Trotzdem geben sich viele hochkarätige Kandidaten wenig Mühe. Insbesondere bei Führungskräften aber gelten der gezeigte Esprit und das zu spürende Engagement als ein wichtiger Gradmesser ihrer Motivation.

Bewerben als Führungskraft

Sie gehören im Verständnis der Arbeitsplatzanbieter klar zu den besonderen Leistungsträgern, die hohen Anforderungen gerecht werden müssen. Verdeutlichen Sie also mit Ihrer Bewerbung, dass Sie diese Erwartungen erfüllen.

Wichtig: Sowohl die Inhalte als auch das Design Ihrer Bewerbungsunterlagen sollten absolut durchdacht sein. Ein perfekt getextetes Anschreiben gehört dazu. Ein roter Faden, klare Botschaften und überzeugende Argumente sowie eine angemessene Selbstbeschreibung nach SOAP (siehe S. 92) sind eine gute Basis. Insbesondere für Führungskräfte gelten bei der Selbstpräsentation als Ziel: schlichte Eleganz, Stil und Souveränität mit einem kleinen Tick Eigensinn, aber nicht zu viel. Keine Experimente, lieber klassisch als unkonventionell.

Diese Fehler sollten Sie vermeiden: Ihr Anschreiben ist langweiliges, ordentliches Mittelmaß ohne besondere Botschaft. Ihr USP wird nicht angeführt.

Tipps: Lassen Sie sich bei Ihrem Bewerbungsvorhaben von einem Profi unterstützen.

Handwerker/-innen

Florian Held | Brinkstraße 27 | 47490 Osnabrück | 0157 576 54 38 | fheld@gmx.de

Möller Anlagentechnik GmbH
Herrn Möller
Industriestraße 23
49086 Osnabrück

Osnabrück, 21.08.2016

Initiativbewerbung als Anlagenmechaniker für Sanitär-, Heizungs- und Klimatechnik

Sehr geehrter Herr Möller,

nach erfolgreichem Abschluss meiner Ausbildung blicke ich jetzt insgesamt auf eine sechsjährige Berufserfahrung zurück und kenne mich daher mit Planung, Installation, Wartung und Instandsetzung von Versorgungsanlagen wirklich sehr gut aus.

Da mein ehemaliger Ausbildungsbetrieb, bei dem ich immer noch tätig bin, leider zum 31. Oktober unerwartet schließen wird, suche ich jetzt eine neue berufliche Aufgabe und bewerbe ich mich initiativ bei Ihnen als Anlagenmechaniker.

In meiner Arbeit, die ich immer verantwortungsbewusst und sehr sorgfältig ausführe, zeichne ich mich zum einen durch mein gutes technisches Verständnis, zum anderen durch mein ausgeprägtes handwerkliches Geschick aus.

Besonders gerne plane und installiere ich Heizungsanlagen. In den letzten zwei Jahren waren es vor allem Kombianlagen unter Berücksichtigung von umweltbewussten Lösungen. Innovative Technik fasziniert mich wie auch die (nicht immer einfache) Fehlersuche und Reparatur von Großanlagen, die ich im Rahmen unseres Kundendienstes durchführe. Herausforderungen dieser Art machen den Beruf für mich besonders spannend!

Ich arbeite gerne mit Kollegen zusammen und bin grundsätzlich umgänglich, freundlich und aufgeschlossen. Viele unserer Kunden schätzen deshalb insbesondere meine Umgangsart und verlangen oft speziell nach mir, wenn eine Wartung ansteht.

Für die Aufgabe in Ihrem Betrieb stehe ich aufgrund der Betriebsschließung sehr kurzfristig zur Verfügung. Gerne überzeuge ich Sie von meiner Eignung durch einen Probearbeitstag.

Ich freue mich auf Ihren Anruf und ein persönliches Gespräch.

Mit freundlichen Grüßen

Florian Held

Anlagen

Carolin Krämer

angehende Friseurin aus Leidenschaft

Ostweg 122
01067 Dresden
☎ 01520 8654637
✉ carokraemer@gmx.de

Carolin Krämer ◆ Ostweg 122 ◆ 01067 Dresden

Salon Haarscharf
Frau Ute Linnemann
Caprivistraße 1
01065 Dresden

15. August 2016

Bewerbung als Friseurin
Unser gestriges Gespräch

Sehr geehrte Frau Linnemann,

vielen Dank, dass Sie sich gestern spontan die Zeit für ein persönliches Gespräch mit mir genommen haben! Ich wurde dadurch in dem Wunsch noch bestärkt, in Ihrem Salon tätig zu werden, und überreiche Ihnen heute meine Bewerbung.

Sie gewinnen mit mir eine Mitarbeiterin, die sich seit Langem für das Thema Styling und Frisuren begeistert. Schon seit Jahren werde ich oft von Freundinnen gebeten, sie für besondere Anlässe zu schminken und zu frisieren.

Carolin Krämer in Kürze: Zurzeit befinde ich mich im dritten Ausbildungsjahr zur Friseurin und kann nach Ausbildungsabschluss im Juni von meinem kleinen Ausbildungsbetrieb leider nicht übernommen werden.

Als Mitarbeiterin werde ich mich dadurch auszeichnen, dass ich einen sehr guten Blick für Farben und Frisuren habe, absolut sorgfältig und stets mit Freude arbeite sowie serviceorientiert und offen im Umgang mit Kunden bin.

Ich freue mich, wenn Sie mir Gelegenheit bieten, mein Können und meine Eignung während einer Probearbeit unter Beweis zu stellen. Meine Chefin und Ausbilderin unterstützt mich bei der Arbeitsplatzsuche und stellt mich gerne für einige Tage zum Probearbeiten frei. Sie ist auch sehr gerne bereit, Ihnen Auskunft über meine fachliche und persönliche Eignung zu geben.

Mit freundlichen Grüßen

Carolin Krämer

PS: Noch verfüge ich nicht über ein Zeugnis meines Ausbildungsbetriebes. Die Inhaberin Marianne Meiser steht Ihnen aber gerne telefonisch für Auskünfte über meine Arbeit und mich zur Verfügung: 0179 9865467.

Zu den Anschreiben der Handwerker/-innen

Handwerker Florian Held, Anlagenmechaniker

Mit sieben Abschnitten im Text ist dieses Anschreiben etwas länger, aber für eine **Initiativbewerbung** ist dieser Umfang noch völlig im Rahmen. Sofort wird das Auge auf den gefetteten Absatz in der Mitte gelenkt. So vermittelt der Bewerber geschickt seine wichtigsten Argumente. Die **Kopfzeile** ist optisch ansprechend gestaltet, noch besser wäre sie aber, wenn der Bewerber hinter seinen Namen seine Berufsbezeichnung geschrieben hätte.

Die **Betreffzeile** ist einfach, aber gut getextet, da sie eindeutig darlegt, worum es hier geht. Seinen Text hat Herr Held in sinnvolle Abschnitte gegliedert, deren Inhalt ihn als engagierten Mechaniker ins rechte Licht rückt. Auch für den **Abschluss** seines Anschreibens hat sich der Bewerber noch etwas einfallen lassen: Mit seinem Probearbeitsangebot zeigt er sich motiviert und macht deutlich, dass er nicht davor zurückscheut, seine Fähigkeiten unter Beweis zu stellen.

Einschätzung

Diese Bewerbung überzeugt sowohl durch die Gestaltung als auch mit den inhaltlichen Argumenten.

Handwerkerin Carolin Krämer, Friseurin

Da hat sich Carolin Krämer etwas Schönes einfallen lassen. Dieses Anschreiben gefällt! Es hat rein optisch, aber auch inhaltlich einiges zu bieten, wovon man gut lernen kann. Die drei **Zeilenanfänge** in Fettschrift fallen nicht nur sofort ins Auge, sondern transportieren auch hervorragend die Kernbotschaft. Und wer könnte sich schon dem gut getexteten **PS** entziehen? Das Angebot, die Ausbilderin von Frau Krämer zu kontaktieren, unterstreicht nochmals, dass die Bewerberin handwerklich kompetent sein muss.

Bereits im Vorfeld hat die Bewerberin, wie in der Stellenanzeige vorgeschlagen, den Salon aufgesucht und ein persönliches Gespräch mit Ihrer potenziellen Arbeitgeberin geführt. Prima! Die im zweiten Absatz vorgetragene **Motivation** wirkt überzeugend und der dritte Block erklärt wunderbar den beruflichen Status quo. Dann folgt eine angemessene **Selbstbeschreibung** ihrer Fähigkeiten, die im letzten Absatz nochmals dadurch abgerundet wird, dass Frau Krämer ihre Mitarbeit zunächst zur Probe anbietet und darauf verweist, dass ihre Chefin und Ausbilderin sie bei der Jobsuche unterstützt.

Einschätzung

Nicht nur optisch, sondern auch inhaltlich ist es dieser Bewerberin gelungen, den Leser zu überzeugen. Sie hat dafür eine Einladung bekommen. Ob dabei wirklich von Auswählerseite immer vorab mit der Referenz-Person gesprochen wird, ist nicht sicher, aber das Angebot wirkt selbstbewusst und überzeugend.

Bewerben als Handwerker/-in

Nicht vergessen: Eine Bewerbung zeigt auch immer, wie sorgfältig jemand arbeitet.

Wichtig: Das Anschreiben muss weder ausführlich noch außergewöhnlich getextet sein.

Diese Fehler sollten Sie vermeiden: Flüchtigkeitsfehler, die passieren, wenn der Text nicht noch einmal gegengelesen wird.

Tipps: Unbedingt von einer zweiten Person nochmals überprüfen lassen.

Ayla Özden
Krankenschwester

falkenstraße 43 ▪ 33619 bielefeld ▪ telefon: 0521 / 103838
e-mail: ayla.oezden@yahoo.de

Klinikum Mitte
Pflegedienstleitung
Frau Anne Wehmaier
Friedrichstraße 1
33609 Bielefeld

Bielefeld, 11.06.2016

B e w e r b u n g   a l s   K r a n k e n s c h w e s t e r
Ihre Stellenanzeige im Bielefelder Anzeiger vom 10.06.2016

Sehr geehrte Frau Wehmaier,

vielen Dank, dass Sie sich gestern die Zeit für ein ausführliches Telefongespräch mit mir genommen haben. Es hat mich in dem Wunsch bestärkt, für Sie zu arbeiten, und anbei sende ich Ihnen nun – wie gewünscht – meine Bewerbungsunterlagen für Ihre ausgeschriebene Teilzeitstelle zu.

Als examinierte Krankenschwester war ich bereits in zwei Krankenhäusern beschäftigt und habe Berufserfahrung auf einer internistischen und zwei chirurgischen Stationen gesammelt.

Während dieser Tätigkeiten habe ich mich immer durch großes Verantwortungsbewusstsein und eine sorgfältige Arbeitsweise ausgezeichnet. Zudem konnte ich an vielen stressigen Tagen und bei Notfällen zeigen, dass ich auch in schwierigen Situationen den Überblick behalte und ruhig und besonnen handle.

In den letzten drei Jahren habe ich neben der Erziehung meiner Zwillinge regelmäßig Vertretungsdienste im Krankenhaus übernommen und einige medizinische Weiterbildungen absolviert.

Ab Juli werden meine Söhne durch den Schulkindergarten und meine in der Nachbarschaft lebende Mutter betreut. Dann möchte ich sehr gerne wieder in einem größeren Umfang in meinem Beruf tätig sein und stehe hinsichtlich der Arbeitszeiten flexibel zur Verfügung (sehr gerne auch für Nacht- und Wochenenddienste).

Ich freue mich darauf, von Ihnen zu hören, und stelle mich gerne persönlich vor.

Mit freundlichen Grüßen

Ayla Özden

Anlagen

Michael Karhus

Hauptmann-Str. 7 • 12244 Herzberg
Tel.: 0171 / 24 89 312 • E-Mail: michael_karhus@web.de

Michael Karhus • Hauptmann-Str. 7 • 12244 Herzberg

Herzberg, 15. Juni 2016

SDM – Marxfeld
Herrn Markus Marxfeld
Weberstraße 10
12345 Hahnbergen

Bewerbung um eine Arbeitsstelle als Wachmann

Sehr geehrter Herr Marxfeld,

vielen Dank, dass Sie sich heute Vormittag die Zeit
für ein ausführliches Telefonat genommen haben.
Sehr gerne sende ich Ihnen wie vereinbart anbei
meine Bewerbungsunterlagen.

Zurzeit absolviere ich mit großem Engagement den
Qualifizierungslehrgang für Wach- und Schutzfachleute
und möchte gerne ab dem 01.09.2016 für Ihr Unternehmen
tätig werden.

Neben der Weiterbildung bin ich schon jetzt an den
Wochenenden als **Aushilfe im Sicherheitsdienst** beschäftigt
und kann so meine theoretischen Kenntnisse immer wieder
im Arbeitsalltag einsetzen und wertvolle praktische Erfahrungen
sammeln. Aber auch bei meinen vergangenen Tätigkeiten
war ich bereits **verantwortlich für den internen Sicherheitsdienst**
und verfüge so inzwischen über eine beachtliche Berufserfahrung.

Da ich wirklich viel Freude an **kontrollierenden und
überwachenden Aufgaben** habe, entspricht dieser Beruf
voll und ganz meiner Neigung, und mit dem Lehrgang
„Sicherheitsdienst" bei der IHK habe ich mich in dieser
Hinsicht erfolgreich qualifiziert.

Nach der in Kürze abgeschlossenen Teilnahme an der
beruflichen Qualifizierung in Höxter strebe ich eine
Vollzeitbeschäftigung im Wachschutz an.

Wenn Ihrerseits Interesse besteht, stehe ich Ihnen gerne
für ein Vorstellungsgespräch zur Verfügung.

Mit freundlichen Grüßen

Michael Karhus

Anlagen

Zu den Anschreiben der Berufstätigen mit Jahreseinkommen unter 40.000 Euro

Krankenschwester Ayla Özden

Die Bewerberin hat ihr Anschreiben in einem ansprechenden Layout gestaltet mit sehr schönem **Briefkopf**, der übrigens auch im Lebenslauf alle Seiten schmückt. Das ist für die Empfängerin praktisch, weil sie die persönlichen Daten der Bewerberin so immer vor sich sieht. Unter dem Namen findet man hier gleich die **Berufsbezeichnung**, ein gutes Zeichen für die hohe Identifikation mit dem, was die Kandidatin beruflich leistet!

Im Stellenangebot (siehe unten) wird der Hinweis gegeben, dass die Pflegedienstleitung, Frau Wehmaier, für weitere Fragen zur Verfügung steht. Die Bewerberin hat die Initiative ergriffen und vorab im Krankenhaus angerufen, um mit Frau Wehmaier zu sprechen. Gut gemacht! So konnte die Kandidatin schon einen ersten persönlichen Eindruck hinterlassen und bleibt der verantwortlichen Entscheiderin, die ein gewichtiges Wort mitzusprechen hat, eher im Gedächtnis.

Im Anschreiben kann sie so die Ansprechpartnerin namentlich nennen und sich im ersten Satz auf das freundliche Telefonat beziehen. Danach stellt sich die Kandidatin gut vor, indem sie angibt, auf welchen Stationen sie bisher überwiegend gearbeitet hat. In den weiteren Absätzen geht sie auf einige **Anforderungen in der Stellenanzeige** ein. Damit zeigt sie, dass sie sich die Anzeige genau durchgelesen hat und die gestellten Erwartungen erfüllt. Außerdem erwähnt sie bei der Betreuung ihrer Kinder nicht nur den Kindergarten, sondern auch ihre in der Nachbarschaft lebende Mutter – eine zusätzliche und wichtige Sicherheit, um flexible Dienstzeiten absolvieren zu können. Der **Schlusssatz** klingt selbstbewusst: »Ich freue mich darauf, von Ihnen zu hören …«

Einschätzung

Ein optisch und inhaltlich wunderbar aufbereitetes Anschreiben, das nicht nur Interesse wecken, sondern auch die notwendige Einladung bewirken wird. Der argumentative Aufbau überzeugt und löst den starken Wunsch aus, die Kandidatin näher kennenzulernen. So soll es sein!

Klinikum Mitte, Bielefeld

Das Klinikum Mitte liegt zentral in der Stadt Bielefeld und ist ein Haus mittlerer Größe mit ca. 1200 Mitarbeiterinnen und Mitarbeitern. Wir übernehmen die regionale Grundversorgung des Innenstadtbereichs in allen Fachbereichen mit einem hohen Qualitätsstandard. Ab 1. September 2016 suchen wir zur Erweiterung unseres Teams

eine/-n examinierte/-n Gesundheits- und Krankenpfleger/-in in Teilzeit (20 Std./Woche)

Ihre Aufgaben:

- stationäre Krankenpflege im Langzeiteinsatz
- reguläre Patientenversorgung
- Zusammenarbeit mit Ärzten und Angehörigen

Unsere Erwartungen:

- abgeschlossene Berufsausbildung
- gerne mit Berufserfahrung
- hohes Verantwortungsbewusstsein
- sehr sorgfältiges Arbeiten
- selbstständige, patientenorientierte und kooperative Arbeitsweise
- große Lernbereitschaft
- Schichtdienstbereitschaft

Wir bieten Ihnen:

- eine vielseitige, anspruchsvolle und abwechslungsreiche Tätigkeit
- ein interessantes Arbeitsumfeld
- umfangreiche Fort- und Weiterbildungen mit Entwicklungsmöglichkeiten in unserem Haus
- ein motiviertes Team mit guter Arbeitsatmosphäre

Wenn Sie sich angesprochen fühlen, erwarten wir gern Ihre Bewerbung. Für weitere Fragen steht Ihnen unsere Pflegedienstleitung, Frau Anne Wehmaier, unter der Tel.-Nr. 0521 127857 zur Verfügung. Senden Sie Ihre Unterlagen bitte an: **Klinikum Mitte, Pflegedienstleitung, Frau Anne Wehmaier, Friedrichstraße 1, 33609 Bielefeld.**

Wachmann Michael Karhus

Der erste Eindruck: Dies ist eine sehr raffiniert gestaltete Seite mit gutem **Absenderkopf**. Leider fehlt neben oder unter dem Namen die **Berufsbezeichnung**. Die optische Aufteilung der Seite ist angenehm.

Der **Einstieg** in den Text gelingt dem Bewerber gut: Er hat vorher telefoniert, kann darauf Bezug nehmen und den Ansprechpartner nennen. Die **Zeilenführung** im Text ist sehr gut durchdacht, sodass er angenehm zu lesen ist. Auch die Gliederung in **Abschnitte** ist sinnvoll und trägt zur Lesbarkeit bei. Die wichtigsten Schlüsselbegriffe hat Herr Karhus durch Fettschrift hervorgehoben, so lenkt er den Blick des Empfängers auf das Wesentliche. Der **letzte Satz** ist zwar nicht außergewöhnlich getextet, aber der Bewerber zeigt sich höflich und interessiert.

Einschätzung

Kurz und knapp, aber überzeugend getextet und in eine gute, positiv auffallende Form gepackt, wird dieses Anschreiben die gewünschte Wirkung erzielen. Der Kandidat kann sich bereits jetzt als eingeladen betrachten und auf das Vorstellungsgespräch vorbereiten.

Bewerben für Stellen mit Jahreseinkommen unter 40.000 Euro

Wer sich erkennbar Mühe gegeben hat, ist natürlich im Vorteil. Insbesondere aus Ihrem Anschreiben leitet der Empfänger ab, wie Sie arbeiten – Standard, unter- oder überdurchschnittlich?

Wichtig: Texten Sie sehr sorgfältig. Die Länge ist nicht entscheidend, kurz ist allemal besser als über eine Seite hinaus. Schreiben Sie einfache, klare, kurze Sätze zu Themen wie: »meine Erfahrung«, »meine Erfolge«, »meine Wesensart«, »meine Motive, warum ich gerne für Sie arbeiten möchte« …

Diese Fehler sollten Sie vermeiden: lieblose und unmotiviert wirkende Texte, zu viel (z. B. zwei ganze Seiten), zu bemüht (leider auch nicht gut!).

Tipps: Lassen Sie sich helfen, bitten Sie unbedingt jemanden, Ihren Anschreibentext gegenzulesen. Wenn Sie Fürsprecher kennen, die über Ihre Arbeitsweise positiv berichten können, sollten Sie unbedingt im Anschreiben oder in den Anlagen darauf verweisen.

---

3. Lektion   Schrift: Schriftart

Arial und **Times New Roman** werden am häufigsten eingesetzt. Wählen Sie vielleicht eine etwas andere Schrift (z. B. **Calibri**), ohne ins Extrem (wie z. B. **Comic Sans MS**) abzugleiten. Mit Arial in Schriftgrad 11 mit einfachem Zeilenabstand machen Sie nichts falsch. Arial lässt sich aber auch Ihren Vorstellungen und Ansprüchen anpassen und z. B. in Größe 10 und 1,15-fachen Zeilenabstand setzen. Das sieht gut, elegant und individuell aus, ohne »verkrampft durchgestylt« zu wirken.
Schriften sind sicherlich Geschmackssache, geben Ihnen aber auch die Chance, Ihren persönlichen Stil aufzuzeigen. Wir empfehlen, maximal zwei unterschiedliche Schriften zu verwenden werden, in Ausnahmefällen auch einmal drei. Prinzipiell gilt jedoch auch hier wieder: Weniger ist mehr.

Grundsätzlich werden drei Schriftfamilien unterschieden:
Antiquaschriften, erkennbar an den Serifen, d. h. den kleinen Haken an den Buchstaben (wie z. B. **Times**). Diese Schriften werden hauptsächlich im Buch- oder Zeitungsdruck eingesetzt. Sie sind klassisch, konservativ und gediegen und eignen sich für Briefe /Anschreiben, die dieses Image transportieren sollen.
Groteskschriften, erkennbar an klassisch geraden Linien (wie z. B. **Arial** oder **Helvetica**). Diese Schriften werden in Werbung und Zeitschriften verwendet. Sie sind modern und neutral und eignen sich für Anschreibentexte, die ein solches Image transportieren sollen. Außerdem sind sie durch ihr klares Schriftbild von allen Schriften am besten lesbar.
Schreibschriften, erkennbar an geschwungenen Linien, wie mit Feder oder Pinsel geschrieben (wie z. B. *Caflisch Script*). Sie sind eher künstlerisch und verspielt und eignen sich für Schreiben, die eher so ein Image transportieren sollen.
Viele dieser Schriften können Sie variieren, indem Sie sie (z. B. zur Betonung) **fett**, *kursiv* oder auch gesperrt, also mit größerer Laufweite, absetzen. Kursive Schriften wirken übrigens dynamischer als gerade, auch das können Sie als Gestaltungselement einsetzen. Nur sind kursive Schriften leider meist schlechter zu lesen.

Christine Ahorn Volljuristin

Siemensstraße 7 • 50247 Köln
Telefon 0221 23473 • 0170 442122
E-Mail christine.ahorn@planet.com
www.xing.com/profiles/christine_ahorn

Bundesnotarkammer Berlin
Herrn Hauptgeschäftsführer Notar a.D.
Dr. Franz Wagenberger LL.M.
Unter den Linden 100
10553 Berlin   Berlin, 30. Mai 2016

Bewerbung als Büroleiterin

Sehr geehrter Herr Dr. Wagenberger,

auf der Suche nach einer neuen beruflichen Herausforderung im Großraum von Berlin bin ich
auf Ihre Ausschreibung aufmerksam geworden, in der Sie eine erfahrene Büroleiterin suchen.
Dazu qualifiziert mich meine aktuelle berufliche Tätigkeit bei einem Verband in Köln, und so kann ich mir
die konsequente berufliche Weiterentwicklung in der Bundesnotarkammer Berlin sehr gut vorstellen.

Kurz zu meiner Person:
Seit zehn Jahren arbeite ich jetzt in der Position der 2. Büroleiterin beim zentralen Architekturverband Köln.
Als Volljuristin konnte ich hier mein gut entwickeltes Organisationstalent und Kostenbewusstsein ein-
bringen und weiterentwickeln.

Ich freue mich darauf, Ihnen in einem persönlichen Gespräch weitere Informationen zu meiner Person
und Motivation für diese Bewerbung geben zu dürfen. Gerne stehe ich Ihnen für ein Vorabtelefonat
zur Verfügung.

Als Jahresgehalt strebe ich € 48.000 – 55.000 an. Ich freue mich, von Ihnen zu lesen/hören.

Mit freundlichen Grüßen aus Köln

Christine Ahorn

Anlagen

Thim Rollmer Dipl.-Ing. Elektrotechnik

Frankfurter Chaussee 1 ■ 44135 Dortmund ■ Tel. +49 172 11223344
thim.rollmer@web.de ■ Linkedin.com/profile/thim.rollmer

e-tec-consult GmbH
Herrn Martin Schmidt
Winterfeldplatz 1
44137 Dortmund   20. August 2016

Meine Bewerbung als Ingenieur mit fundierten Erfahrungen in der Elektromobilität
Ihre Stellenausschreibung auf www.e-technik.de, Kennziffer 11A

Sehr geehrter Herr Schulz,

ich suche im anspruchsvollen, innovativ orientierten Technologiesegment der E-Mobilität
eine neue berufliche Herausforderung. Insbesondere die Analyse, Bewertung und Betreuung
von international ausgerichteten Forschungs- und Entwicklungsprojekten motiviert mich.

Neben meiner **Spezialisierung im technischen Projektmanagement** kann ich aus
ungekündigter Position auf eine langjährige, fundierte Berufs- und Führungspraxis
im Bereich Elektrotechnologien verweisen. Besonders hervorheben möchte ich meine
langjährigen **umfassenden Erfahrungen bei der Lithium-Ionen-Akku-Entwicklung**.

Als Wegbereiter neuer Ideen habe ich meine beruflichen Erfolge mit folgenden Ansprüchen
verbunden: Ich versuche stets, alle relevanten Prozessabläufe bestmöglich zu erfassen,
ein Gefühl für lokale wie globale technische Trends und Neuerungen zu entwickeln,
Verbindungen zwischen einzelnen Teilprojekten zu erkennen und zu nutzen sowie auch
komplexe Sachverhalte stets verständlich zu präsentieren.
Übrigens gerne auch in englischer Sprache oder in französischer, die ich als Zweitsprachen
neben Deutsch bestens beherrsche, da ich in einer Diplomatenfamilie aufgewachsen bin.

Mehrere Auszeichnungen (z. B. German Innovation Award in Gold 2012) runden mein
Kompetenzprofil ab.

An der Seite von internationalen Technik-Spezialisten möchte ich meine Qualifikationen
und mein Kommunikationstalent für die erfolgreiche Zusammenarbeit der e-tec-consult
mit ihren Auftraggebern einsetzen und verbinden. Der früheste Eintrittstermin läge um
den 01.03.2017, meine Gehaltsvorstellung liegt im Bereich um die 180.000 Euro p. a.

Auf die Gelegenheit zu einem persönlichen Gespräch freue ich mich.

Mit freundlichen Grüßen

Thim Rollmer

Anlagen

Zu den Anschreiben der Berufstätigen mit Jahreseinkommen über 40.000 Euro

Büroleiterin Christine Ahorn, Volljuristin

In einem eleganten, mit relativ kleiner Schrift erstellten, angenehm kurzen Anschreiben präsentiert sich die Volljuristin (mit **Berufsbezeichnung** hinter dem Namen, so ist es korrekt und gut!). Die **Betreffzeile** ist genauso unspektakulär wie auch der Einleitungssatz. Alles kein Ausbund an Kreativität, das muss aber auch gar nicht sein!

Im Wesentlichen haben wir es mit zwei größeren Abschnitten zu tun: der **Einleitung**, die darauf hinweist, dass die Kandidatin in etwa weiß, um welche Art von Aufgaben es sich voraussichtlich handelt, und einem zweiten Block, der ganz kurz ihre drei **Hauptargumente** (Volljuristin, Organisationstalent und Kostenbewusstsein) vorträgt. Interessant am **Schluss**: Die Bewerberin bietet von sich aus an, für ein Vorabtelefonat zur Verfügung zu stehen (immer mehr Personalentscheider wollen zunächst telefonieren, bevor sie einen Bewerber einladen). Im letzten Satz folgt die Benennung einer Gehaltsspanne. Hier ist davon auszugehen, dass in der Anzeige explizit dazu aufgefordert wurde. Sonst würde man eher von der Benennung absehen.

Einschätzung

Gelungenes, elegantes und dennoch unprätentiöses Anschreiben mit Potenzial!

Diplom-Ingenieur Thim Rollmer

Eine gut gefüllte Anschreibenseite mit ansprechendem **Briefkopf** und der immer wieder von uns eingeforderten **Berufsbezeichnung** hinter dem Namen macht schon einmal einen guten ersten Eindruck. Die erste **Betreffzeile** ist unterstrichen und zieht so geschickt die Aufmerksamkeit auf sich wie auch die Fettungen im Anschreiben selbst, die die Schlüsselbegriffe hervorheben und den Text strukturieren.

Ein sehr interessanter **Aufbau**: Mit dem Wort »ich« beginnend erklärt der Absender zunächst einmal, was er für neue berufliche Herausforderungen sucht und wünscht. Dann vermittelt er seine Ausgangsposition und den beruflichen Erfahrungshintergrund. Im nächsten Absatz beschreibt er seine Wertvorstellungen und Arbeitsauffassung. Mit dem Hinweis auf seine Auszeichnungen unterstreicht er erfolgreich seine Kompetenz, um am Ende seine Gehaltsvorstellung zu benennen.

Einschätzung

Thim Rollmers Anschreiben ist gut und überzeugend komponiert – es wird seine positive Wirkung nicht verfehlen.

Bewerben für Stellen mit Jahreseinkommen deutlich über 40.000 Euro

Hier gibt es zwei Möglichkeiten: Entweder Sie verzichten ganz auf das Anschreiben und versuchen, mit einem Minimaltext in der E-Mail-Maske auszukommen, oder Sie nehmen sich die Zeit und komponieren einen wirklich überzeugenden Text. Halbheiten sind die Katastrophe!

Wichtig: Es geht um eine gelungene Zusammenfassung Ihrer Kernbotschaften aus Ihrem CV. Diese muss sich hier im Anschreiben widerspiegeln.

Diese Fehler sollten Sie vermeiden: Siehe oben – Stichwort »Halbheiten«.

Tipps: Ohne klares Konzept sollten Sie es nicht versuchen (weder bei Ihrem Lebenslauf noch im Anschreiben). Ihre Überlegungen sind die Conditio sine qua non.

---

4. Lektion Formatierungen im Anschreibentext

Abstände: Zwischen Überschrift und Grundtext sollten möglichst immer dieselben Abstände sein. Auch zwischen gegliederten Textabschnitten oder zum Papierrand sollten sie einheitlich gestaltet werden. So wirkt das Layout durchdacht und harmonisch.

Hervorhebungen: Zum Hervorheben einzelner Wörter, Teilsätze oder ganzer Sätze eignen sich, wie schon in der vorigen Lektion erwähnt, **fette**, *kursive* oder auch gesperrte Textformatierungen sowie Unterstreichungen. Setzen Sie diese Gestaltungsmittel aber bitte ganz gezielt und sparsam ein. Schnell ist die Grenze des optisch guten Geschmackes überschritten. Es gilt das Prinzip: Weniger ist mehr.

Verena Haase

Sozialarbeiterin/-pädagogin B. A.

Falkenstraße 1
48231 Warendorf
Telefon: 02581 / 229 316
Mail: v.haase@googlemail.com

Verena Haase • Falkenstraße 1 • 48231 Warendorf

Warendorf, 31.Mai 2016

Stadt Warendorf
Fachbereich Personal und Organisation
Frau Mersmann
48231 Warendorf

Bewerbung als Sozialpädagogin / Sozialarbeiterin
Annonce auf Ihrer Homepage

Sehr geehrte Frau Mersmann,
sehr geehrte Damen und Herren,

da Senioren in meinen Augen ein großes Mehr an Lebensqualität gewinnen können,
wenn ihnen durch gewisse Hilfsangebote ein möglichst langes Verbleiben in der ihnen
vertrauten Umgebung ermöglicht wird, möchte ich sehr gerne beruflich in diesem Bereich
tätig werden.

Bereits seit dem Abitur stand der Wunsch für mich fest, auf lange Sicht beruflich mit
älteren Menschen oder Kindern zu arbeiten. Daher habe ich meinen Wunsch verwirklicht
und nach mehrjähriger Tätigkeit in meinem ersten Beruf (Arzthelferin) ein Studium der
Sozialen Arbeit erfolgreich abgeschlossen.

Durch die Berufserfahrung als Arzthelferin kenne ich mich mit Verwaltungsaufgaben,
dem Schreiben von medizinischen Gutachten, organisatorischen Aufgaben usw. sehr gut aus
und erledige sie absolut selbstständig, routiniert und zuverlässig. Im Umgang mit Patienten
(besonders auch mit Senioren) habe ich mich immer durch mein freundliches Wesen und
großes Einfühlungsvermögen ausgezeichnet. Es bereitet mir Freude, mit älteren Menschen
zu arbeiten und sie sensibel in ihren Anliegen zu unterstützen. Während des Studiums
habe ich erste Erfahrungen in der Altenhilfe gesammelt, indem ich eine ältere Dame
in ihrem Alltag, insbesondere bei der Organisation des Haushaltes und im Umgang mit Ärzten
und Behörden, unterstützt habe.

Große Einsatzbereitschaft und Belastbarkeit konnte ich auch unter Beweis stellen, als ich
parallel zu meinem Studium weiter als Arzthelferin gearbeitet habe, um finanziell auf eigenen
Beinen zu stehen. Mein Studium konnte ich schließlich neben der Erziehung meines Sohnes
zügig zu einem erfolgreichen Abschluss bringen.

Sehr gerne möchte ich meine bisher durch Ausbildung, Studium und berufliche Tätigkeit
erworbenen Kenntnisse und Fähigkeiten in die Altenhilfe der Stadt Warendorf einbringen
und stehe für die Aufgabe kurzfristig zur Verfügung.

Ich freue mich über Ihre Einladung zu einem persönlichen Kennenlernen.

Mit freundlichen Grüßen

Verena Haase

Anlagen

Katja Holsten

Dozentin Erwachsenenbildung

Küsterweg 3 – 4567 Baumhausen
Tel: 0 34 23 / 45 67 89
E-Mail: k.holsten@aol.com
www.xing.com/profiles/katja_holsten

Berufskolleg des Kreises Baumhausen
Herrn Becker
Steigenweg 7
45767 Baumhausen

Baumhausen, 01.06.2016

Nicht für die Schule, für das Leben lernen ...
Bewerbung für den Lehrerseiteneinstieg an Ihrer Schule
www.lehrereinstellung.nrw.de vom 27.05.16

Sehr geehrter Herr Becker,

mit großem Interesse bewerbe ich mich für den Lehrerseiteneinstieg an Ihrer Schule in den Bereichen **Wirtschaftslehre,
Steuerlehre, Rechnungswesen** und **Deutsch**.

Im Jahr 2006 habe ich ein **pädagogisches Hochschulstudium**
erfolgreich abgeschlossen und dann eine Weiterbildung
zur **Steuerfachangestellten und Bilanzbuchhalterin** absolviert.

Seit mehreren Jahren unterrichte ich nun die oben genannten Fächer
bei freien Bildungsträgern und führe die Teilnehmer zum erfolgreichen
Abschluss ihrer kaufmännischen Umschulung.
Dabei bereitet es mir große Freude, den **Unterricht interessant zu gestalten,
mein fundiertes Fachwissen gut verständlich weiterzugeben sowie
ressourcenorientiert zu arbeiten** und die Schüler so zu vollem Einsatz
und guten Noten zu motivieren.

Sehr gerne möchte ich meine Fähigkeiten nun an Ihrem Berufskolleg einsetzen
und stehe für die Aufgabe wie gewünscht nach den Sommerferien zur Verfügung.
Da ich mich in ungekündigter Stellung befinde, bitte ich Sie, meine Bewerbung
vertraulich zu behandeln.

Ihr telefonisches Angebot, mich auch persönlich bei Ihnen vorzustellen,
nehme ich gerne an und freue mich, bald von Ihnen zu hören.

Mit freundlichen Grüßen

Katja Holsten

Anlagen

Zu den Anschreiben von Quereinsteiger/-innen und Berufswechsler/-innen

Berufswechslerin Verena Haase, Arzthelferin und Sozialarbeiterin/-pädagogin

In ansprechendem Layout hat die Bewerberin den **Briefkopf** gestaltet – Absenderform und Anrede sind perfekt. Das Anschreiben an sich eröffnet mit einem **Statement** zu einem wichtigen Thema des von ihr angestrebten Berufs, das als Motivationserklärung dient. Im Folgenden verdeutlicht Frau Haase dem Leser überzeugend, warum sie sich beruflich neu orientieren will.

Zwei Abschnitte (der erste davon etwas länger, aber noch angemessen) dienen dazu, ihren schulischen und beruflichen Werdegang darzulegen. Ohne groß in die »Layout-Trickkiste« zu greifen (d. h. ohne Hervorhebungen), sondern ganz schlicht und klar, trägt sie ihre persönliche Geschichte vor und berücksichtigt dabei auch, dass eine **Zeilenführung**, die im Sinnes des Inhaltes gestaltet ist, zu einem positiven Gesamteindruck beiträgt. Inhaltlich transportiert sie alle Argumente, die für sie und ihren Einstieg in ein neues Arbeitsgebiet sprechen.

Einschätzung

So vorgetragen hat dieses Anschreiben die Kraft, zu überzeugen, mehr braucht es nicht.

Quereinsteigerin als Lehrerin Katja Holsten

Der Hingucker ist hier natürlich die **Fotopräsentation**. Alle weiteren Mittel (drei Betreffzeilen, Fettungen, Zeilenführung und Absätze …) sind diesem Blickfang untergeordnet. Das löst vielleicht nicht bei allen Empfängern Freude aus, zeugt aber von Selbstbewusstsein und einer gewissen Portion Mut. Als Lehrkraft sind diese Eigenschaften sicherlich nützlich. Und allen immer zu gefallen, wird auch in den seltensten Fällen gelingen – im Leben wie bei der Bewerbung! Inhaltlich ist alles im grünen Bereich und auch die Gestaltung mit dem interessanten dreizeiligen **Betreff**, sinnvollen **Fettungen** und einer guten **Zeilenführung** überzeugt.

Einschätzung

So weckt man sehr persönlich Aufmerksamkeit für sein Mitarbeitsangebot.

Bewerben als Quereinsteiger/-in und Berufswechsler/-in

Angeblich werden Quereinsteiger/-innen gesucht, aber im Arbeits- und Unternehmensalltag sieht das dann doch oft anders aus. Dennoch: Probieren geht über Studieren!

Wichtig: Besonders wichtig ist die richtige, planvolle Herangehensweise – Kontakte pflegen und Referenzen organisieren. Unerlässlich ist die intensive Beschäftigung mit den Gründen, warum Sie denken, zukünftig einen wertvollen Beitrag im neuen Arbeitsfeld leisten zu können. Sie müssen Ihre Motivation plausibel und überzeugend darstellen können.

Diese Fehler sollten Sie vermeiden: Sich unrealistische Vorstellungen vom Quereinstieg machen. Handwerkliche Fehler beim Bewerben, wie z. B. im Anschreiben nicht auf den Punkt kommen.

Tipps: Es geht darum, Interesse an Ihrer Person und Mitarbeit zu wecken und einen Vertrauensvorschuss zu gewinnen. Wie Sie das erreichen: Zum Beispiel durch die Angabe von Referenzkontakten und indem Sie von Erfolgsprojekten aus Ihrem bisherigen Berufsleben berichten, die auf zukünftige Erfolge in der neuen Branche hoffen lassen.

Claudia Bellow
Kauffrau für Bürokommunikation
Am Gendarmenmarkt 26
10171 Berlin
Tel. +49 151 10028855
Tel. +49 30 2323774
E-Mail: claudia.bellow@mail.de

Siegel AG
Herrn Schmidt
Unter den Linden 1
10711 Berlin

Bewerbung als Assistentin des Vorstandes
Ihre Anzeige in der Berliner Morgenpost vom 17.08.2016

Berlin, 22.08.2016

Sehr geehrter Herr Schmidt,

die Stellenausschreibung der Siegel AG habe ich mit Interesse gelesen
und möchte mich Ihnen als Vorstandsassistentin vorstellen.

Nach meinem Abitur begann ich 2001 eine kaufmännische Lehre, wobei mir
die erworbenen Fähigkeiten und Qualifikationen einen vorzeitigen direkten
Einstieg in das Ausbildungsunternehmen ermöglichten.

Hier war ich schwerpunktmäßig im Bereich Finanzen und Controlling tätig und
habe verschiedene Aufgabengebiete kennengelernt. Diese umfassten sowohl
administrative als auch organisatorische Belange mit umfassender Verantwortung.
Meine Aufgaben beinhalteten unter anderem das gesamte Office-Management
von der Terminkoordination bis zur Erstellung von Präsentationsunterlagen,
der kompletten Vor- und Nachbereitung größerer Präsentationen, Budgetüber-
wachung sowie Büropersonalkoordination mit allen erforderlichen Belangen.

Bei meinen Stärken möchte ich meine Kommunikationsfähigkeit, mein Analysevermögen
sowie meine verlässliche Einsatzbereitschaft hervorheben. Auch behalte ich selbst in sehr
stressigen Situationen stets meinen Humor und vor allem einen kühlen Kopf und klares Denken.
Für meine persönliche Entfaltung ist es von großer Bedeutung, mich erfolgreich und qualitativ
hochwertig in einem entsprechenden Umfeld einbringen und verwirklichen zu können.

Nach über zehn Jahren Berufserfahrung und sechs Jahren Elternzeit – wir haben Zwillinge –
möchte ich meine Qualifikationspotenziale durch einen beruflichen Wiedereinstieg ausschöpfen
und weiterentwickeln. Darauf habe ich mich jetzt über ein Jahr durch Urlaubsvertretungen und
Fortbildungskurse an der VHS vorbereitet.

Einer Gelegenheit, sich bei einem persönlichen Gespräch noch besser kennenzulernen, sehe ich
mit Freude entgegen. Rufen Sie mich doch bitte einfach an.

Mit freundlichen Grüßen

Claudia Bellow

PS: Als Referenzgeber stehen Ihnen mein früherer Chef, Herr Dr. Petersen von der Reno AG in Potsdam,
gerne zur Verfügung. In den Anlagen finden Sie sein mir ausgestelltes Arbeitszeugnis. In seinem Unternehmen habe ich auch immer wieder während der Erziehungsjahre Urlaubsvertretungen durchgeführt.

Anlagen

Zum Anschreiben der Wiedereinsteigerin

Wiedereinsteigerin Claudia Bellow, Assistentin des Vorstandes

Nach einem unspektakulären, aber akzeptablen Einstieg verweist die Bewerberin auf ihren Berufsabschluss sowie eine zehnjährige Berufserfahrung, die sie ausführlich beschreibt. So hat sie überzeugend demonstriert, dass sie die in der Stellenanzeige (rechte Spalte) zuerst genannten wichtigsten Punkte erfüllt. Auch in der Schilderung ihres Arbeitsstils und Ethos (ihre Stärken und was ihr wichtig ist) geht sie geschickt vor und reflektiert dabei auf kluge Weise den Anzeigentext. Auf die geforderten EDV-Kenntnisse geht Frau Bellow nicht ein – das ist im Anschreiben auch gar nicht nötig, sie kommen im Lebenslauf und den Zeugnissen umfassend zur Geltung.

Erst ganz gegen Ende erfährt der Leser etwas von ihrer sechsjährigen **Familienmanagement-Phase**. Die Darstellung der Bewerberin unterstreicht zusätzlich ihre Leistungs- und Organisationsfähigkeit (Zwillinge). Hier und im **PS** bekommt der Leser noch Hinweise auf eine gründliche Vorbereitung des Wiedereinstiegs vonseiten der Bewerberin.

Einschätzung

Ein beeindruckendes Beispiel, das überzeugt. Kompliment!

Bewerben als Wiedereinsteiger/-in

Essenziell für den Wiedereinstieg in den Beruf nach einer Auszeit (Familienphase, Krankheit, Pflege eines Angehörigen etc.) ist dessen gründliche Vorbereitung. Fangen Sie rechtzeitig z. B. mit Weiterbildungen oder Urlaubsvertretungen langsam wieder an und steigern Sie dann allmählich Ihre berufliche Aktivität. Pflegen Sie bestehende Kontakte und suchen Sie unbedingt aktiv neue (Stichwort Networking).

Wichtig: Vermitteln Sie, dass Sie den Bezug, den Kontakt zu Branche, Arbeitsinhalten und auch Kollegen nicht haben abreißen lassen. Nennen Sie plausible Auszeit-Gründe und verdeutlichen Sie, dass sich inzwischen eine völlig andere Situation ergeben hat, in der Sie wieder über freie Kapazitäten verfügen und diese nutzen wollen.

Diesen Fehler sollten Sie vermeiden: Von null auf hundert gehen (z. B. von null auf vierzig Wochenstunden nach einer längeren Auszeit). Dies wirkt eher unglaubwürdig!

Tipps: Vermitteln Sie, dass Sie besonders motiviert sind, Leistung zu erbringen, und treten Sie nicht zu bescheiden, zu »grau« auf, sondern selbstbewusst.

Wir suchen Sie am Standort Berlin als

Assistent (m/w) des Geschäftsvorstandes

Ihre Aufgaben:
- Entlastung des Geschäftsvorstandes im Tagesgeschäft
- Koordination von internen und externen Terminen
- Organisation von Geschäftsreisen und Reisekostenabrechnungen
- umfassende Projektbearbeitung inklusive Rechnungsstellung
- Organisation und Vorbereitung von Meetings
- Erstellung von Präsentations-, Angebotsunterlagen und Statistiken
- Ziel- und Maßnahmencontrolling
- Personalkoordination der Mitarbeiterinnen

Was wir erwarten:
- erfolgreich abgeschlossene Ausbildung im kaufmännischen Bereich
- möglichst mehrjährige Berufserfahrung
- SAP-Kenntnisse
- routinierten Umgang mit den MS-Office-Programmen
- hohes Maß an Motivation und Selbstständigkeit
- sehr gute Kommunikationsfähigkeit und Stressbewältigung
- sicheres und freundliches Auftreten

Haben wir Ihr Interesse geweckt? Dann freuen wir uns auf Ihre Bewerbung. Senden Sie bitte Ihre vollständigen Bewerbungsunterlagen (Anschreiben mit Foto, Lebenslauf, Zeugnisse) per Post an:

Siegel AG, Herrn Schmidt, Unter den Linden 1, 10711 Berlin.

Von Handwerksbetrieb bis Aktiengesellschaft – adressatengerechte Anschreiben verfassen

Kleine bis mittlere Handwerksbetriebe

Ivo Romanovic

Finkenweg 4
76131 Karlsruhe
Tel. 0721 6773448

Fa. Sinnig
Herrn Bauer
Knüppeldamm 13
68301 Mannheim

Karlsruhe, 18.09.16

Bewerbung als Heizungs- und Lüftungsbauer
Ihre Stellenausschreibung in der Mannheimer Morgenpost vom 10.09.2016

Sehr geehrter Herr Bauer,

vielen Dank, dass Sie sich gestern spontan so viel Zeit für unser Gespräch genommen haben. Es hat mein Interesse an der Stelle noch verstärkt.
Wie besprochen schicke ich Ihnen meinen Lebenslauf und Zeugnisse.

Meine Berufspraxis als Heizungs- und Lüftungsbauer umfasst einschließlich meiner Ausbildung zwölf Jahre bei zwei Firmen, von denen die letzte leider in Konkurs ging.

Seit zwei Jahren bin ich mit Reparaturaufgaben in Nachbarschaftshilfe tätig. Es gibt fast nichts, was ich nicht repariere. Meine Kunden sind mit dem Ergebnis und meinem Service sehr zufrieden! In meiner gesamten Berufspraxis hatte ich Umgang mit verschiedenen Kulturkreisen, vor allem mit Polen und Kroaten.

Selbstverständlich arbeite ich für den Notdienst auch am Abend und an den Wochenenden. Ich freue mich sehr darauf, ein weiteres Gespräch mit Ihnen zu führen.

Mit freundlichen Grüßen

Ivo Romanovic

Anlagen

Zu den Anschreiben an Handwerksbetriebe

Handwerksbetrieb, Heizungs- und Lüftungs-bauer Ivo Romanovic

Dieses kurze, mit vier Absätzen auskommende An-schreiben, das an ein vorausgegangenes (offensichtlich persönliches) Gespräch anknüpft, bringt sehr gut auf den Punkt, warum der Bewerber ein interessanter Kandidat für den Handwerksbetrieb ist: Vergleichen Sie den Text mit den Anforderungen in der Stellenanzeige. Das **Briefkopf-Design** fällt auf, ohne zu verspielt zu wirken. So gelingt es dem Bewerber gut, Aufmerksamkeit für sein Mitarbeitsangebot zu wecken. Vielleicht wäre eine dritte Betreffzeile (im Sinne von: Danke für das persönliche Gespräch) noch eine schöne Ergänzung.

Einschätzung

Eine Berufsbezeichnung unter dem Absendernamen sowie die vorgeschlagene Ergänzung einer dritten Betreffzeile könnten dieses an sich schon gut gelungene Anschreiben noch optimieren.

Bewerben bei kleinen bis mittleren Handwerksbetrieben

Ein sorgfältiges Herangehen an die Bewerbungsunterlagen, oftmals noch klassisch auf Papier (aber auch hier zunehmend per E-Mail versandt) ist nicht nur wichtig, sondern auch eine erste Arbeitsprobe.

August-Müller-GmbH – Gas, Wasser, Sanitär

Im Rahmen der Hausmeisterfunktion für vier Wohn-blocks in Berlin-Mitte suchen wir einen jungen, erfah-renen Gas- und Wasserinstallateur zur Ausführung aller Reparatur- und Installationsarbeiten.

Wir erwarten:

- Abgeschlossene Berufsausbildung
- Mehrjährige Berufserfahrung
- Freundliches Auftreten, Kundenorientierung
- Bereitschaft zum Notdienst an Abenden und Wochenenden
- Erwünscht sind interkulturelle Erfahrungen, russische, polnische oder serbokroatische Sprach-kenntnisse sowie grundlegende PC-Kenntnisse

Bewerbungen an: August-Müller-GmbH, Müllerstr. 30, 13353 Berlin

---

Wichtig: Das Anschreiben soll kurz und knapp sein, aber auf keinen Fall floskelhaft, als sei es aus der Arbeitsamt-Broschüre abgeschrieben.

Diese Fehler sollten Sie vermeiden: Zu lang und ausschweifend oder absolut minimalistisch (z. B. nur drei Sätze) zu schreiben. Noch schlimmer: die gesamte Bewerbung voller Fehler und lieblos gestaltet.

Tipps: Wenn möglich, die Bewerbungsunterlagen persönlich vorbeibringen! Lieber ein klassisches als ein sehr auffälliges kreatives Design wählen.

Ab etwa 40.000 Euro Jahresbruttoeinkommen wird es auch beim Bewerben in einem Handwerksbetrieb immer wichtiger, Souveränität und Stil zu zeigen.

---

5. Lektion   Briefkopfgestaltung

Wenn Sie sich einen eigenen Brief-kopf gestalten wollen, sollten Sie die Schriftgröße für den Namen nicht überdimensioniert groß wählen. Unser Vorschlag wäre: 12 bis maximal 18 Punkt einer normalen Helvetica. Gängige Schriftgrößen für den Adress- und Telefonnummernblock liegen zwischen 10 und 14 Punkt.

Absendergestaltung: Dieser Aspekt ist wirklich sehr wichtig und sollte in seiner Bedeutung nicht unterschätzt werden. Lassen Sie sich inspirieren und nehmen Sie zur Kenntnis: Neben Ihrem Namen (Vor- und Zuname) und Ihrer Anschrift sollte er auch Ihre Telefonnummer enthalten. Überlegen Sie, welche Telefonnummer (z. B. Handy oder Festnetz) Sie angeben und ob der Anrufer Ihnen unter dieser Nummer auch eine Nachricht hinterlassen kann, wenn Sie nicht persönlich erreichbar sind. Ihre E-Mail-Adresse darf natürlich auch nicht fehlen. Immer häufiger wird ein Link zum XING-und/oder LinkedIn-Profil angegeben oder zum eigenen Internetauftritt.

Berufsbezeichnung: Eine besonders gute Idee für die Absendergestaltung: Hinter Ihrem Namen sollte eine Berufsbezeichnung stehen (Hochschulabsolventen, die noch keine Berufsbezeichnung nutzen können, geben stattdessen den akademischen Grad an). So sieht der Empfänger nicht nur, wer Sie sind, sondern auch sofort, was Sie anzubieten haben. Sehen Sie sich die Beispiele auf den Seiten 44, 47 und 48 an.

Alexander Kloss
Informatikstudent
Facility Management

Kielholzstraße 16
12435 Berlin
Tel.: 030 / 6219800
E-Mail: a.kloss@fhtw-berlin.de

Firma Facility Management & Services
Personalabteilung
Bornholmer Straße 178
10439 Berlin

Berlin, 28. April 2016

Sehr geehrte Damen und Herren,

mit großem Interesse habe ich Ihre Präsenz auf der
Connecticum Firmen-Kontakt-Messe an der FHTW Berlin registriert.

Ich studiere im 8. Semester **Angewandte Informatik** mit dem
Studienschwerpunkt **Facility Management**.

Momentan bereite ich mich auf meine Masterarbeit vor
und absolviere die letzten Vorlesungen und Übungen.
Ich werde meine Arbeit, für die ich insgesamt 8 Monate
vorgesehen habe, Mitte September beginnen.

Sollten Sie Interesse an einer Masterthesis zum Themengebiet
Facility Management haben, so würde ich mich sehr freuen,
wenn Sie mit mir in Kontakt treten.

Neben zahlreichen Arbeits- und Praktika-Erfahrungen
habe ich in den letzten Jahren meine Sprachkenntnisse
in Englisch und Französisch durch Auslandsaufenthalte
gezielt vertieft.

Gerne würde ich auch im Anschluss an meine Masterarbeit ab
Januar 2017 in Ihrem Unternehmen einen Berufseinstieg finden.

Mit freundlichen Grüßen

Alexander Kloss

City-Car GmbH
Herrn Andreas Düsenberg
Zepernicker Landstraße 56
16351 Bernau

Röntgenthal, 31.05.2016

Bewerbung Automobil-Verkäuferin

Sehr geehrter Herr Düsenberg,

mit diesem Schreiben möchte ich an unser informatives Telefonat vom 20.05.2016 anknüpfen und Ihnen meine Bewerbungsunterlagen einreichen.

Meine Liebe zum Auto, meine kontinuierliche Berufsentwicklung in dieser Branche und die daraus resultierende langjährige Erfahrung sind Anlass für diese Bewerbung, ebenso wie die Empfehlung von Herrn Feuerbach vom ADAC, der mir mitteilte, dass Sie eine vakante Verkäuferposition neu besetzen wollen. Aus meiner täglichen Praxis sind mir Planung, Durchführung und Analyse von Verkaufsmaßnahmen bestens vertraut.

Neben meiner kaufmännischen Ausbildung erwarb ich mir gute kommunikative und soziale Fähigkeiten.

Als Quereinsteigerin im Auto-Verkauf bringe ich durch meine kaufmännisch-technische Grundausbildung gute Voraussetzungen mit, um bestmögliche Ergebnisse zu erzielen. Darüber hinaus möchte ich gerne für Ihr Haus medienwirksame Promotion-Aktionen für bevorstehende Einführungen neuer Pkw-Modelle organisieren.

Von meinem Können und meinen Qualifikationen werde ich Sie sicher in einem persönlichen Gespräch überzeugen, auf das ich mich sehr freue. Gern bin ich auch bereit, für einige Tage meine Fähigkeiten in Ihrem Haus unter Beweis zu stellen.

Mit freundlichen Grüßen

Fiona Siegel

Zu den Anschreiben an kleine bis mittlere Dienstleister und Handelsunternehmen

Dienstleister Facility Management, Hochschulabsolvent Angewandte Informatik Alexander Kloss

Ein Informatikstudent mit dem für den Empfänger interessanten Schwerpunkt Facility Management bewirbt sich hier. Das Anschreiben beginnt ohne Betreffzeile – so geht es also auch, insbesondere wenn man im Text die wichtigen **Schlüsselbegriffe** noch einmal deutlich hervorhebt.

In seinem gut gegliederten, schmal gesetzten und dadurch besonders elegant wirkenden Anschreiben macht er seinem potenziellen Arbeitgeber das Angebot, das Thema seiner noch zu erstellenden Masterarbeit mitzubestimmen, und bekundet sein Interesse, nach dem Studium auch längerfristig bei der Firma tätig zu werden. So gelingt es ihm, sich für den Betrieb interessant zu machen.

Einschätzung

Dieses optisch ansprechende, angenehm kurze und gleichzeitig doch sehr interessante Anschreiben mit attraktivem Design wird die verdiente Aufmerksamkeit bekommen.

Handelsunternehmen, Automobil-Verkäuferin Fiona Siegel

Dem Leser fallen hier zunächst die nicht zu übersehenden grau markierten **Satzanfänge** ins Auge. Diese Markierungen wären auch in Farbe vorstellbar. Varianten, bei denen nicht alle, sondern nur einige Satzanfänge so hervorgehoben sind, könnten eine Option sein. Entscheidend bleibt die Antwort auf die Frage: Gelingt es dadurch, die Aufmerksamkeit zu erhöhen und die Botschaften noch besser zu vermitteln? Wir denken schon! Selbst die außergewöhnliche Platzierung der **Absenderdaten** trägt, ebenso wie deren Gestaltung, dazu bei,

dass sich der Empfänger mit diesem Anschreiben und den beigefügten Unterlagen sicher beschäftigen und dann feststellen wird: Auch der Inhalt dieses Schreibens spricht für die Kandidatin.

Einschätzung

Ein gutes Beispiel dafür, wie man mit seinem Anschreiben durch die Kombination von optischen Gestaltungsmitteln und inhaltlich gut formulierten Argumenten Aufmerksamkeit bekommt.

Bewerben bei kleinen bis mittleren Dienstleistern und Handelsunternehmen

Diese Unternehmen erwarten eine formal-korrekte Ansprache. Arbeitgeber aus dem Dienstleistungssektor ziehen aus Ihren Formulierungen gern Schlüsse darauf, wie Sie wahrscheinlich mit der Kundschaft umgehen, und betrachten das Anschreiben als aufschlussreiches Auswahlkriterium.

Wichtig: Ihr Text sollte sehr freundlich, höflich und verbindlich wirken. Zeigen Sie, dass Sie sich Mühe geben und die Bewerbung Ihnen wichtig ist.

Diese Fehler sollten Sie vermeiden: Langweilige Standardtexte und Flüchtigkeitsfehler.

Tipps: Gehen Sie ganz individuell auf die Stellenanzeige und den Empfänger ein. Begründen Sie, warum gerade dieses Unternehmen, diese Firma, so interessant für Sie als Kandidat ist.

Verena Haase

Arzthelferin

Falkenstraße 1
48231 Warendorf
Telefon: 02581 / 229 316
Mail: v.haase@googlemail.com

Verena Haase • Falkenstraße 1 • 48231 Warendorf

Gemeinschaftspraxis
Dr. Ina Pauly und Dr. Tanja May
Frau Ahmend
Schützenstraße 2
48231 Warendorf

Warendorf, 1. November 2016

Bewerbung als Arzthelferin
Ihre Annonce im Internetstellenportal der Arbeitsagentur

Sehr geehrte Frau Ahmend,

gerne möchte ich als Arzthelferin in Teilzeit für Ihre Praxis tätig werden und bewerbe mich.

Die wichtigsten Informationen zu mir auf einen Blick:

- ✓ 31 Jahre alt
- ✓ Ausgebildete Arzthelferin und Sozialpädagogin
- ✓ Langjährige Berufserfahrung in einer allgemeinmedizinischen und einer augenärztlichen Praxis
- ✓ Umfangreiche Erfahrungen mit Aufgaben wie der Patientenaufnahme und -betreuung, Blutentnahme, Injektionen, Wundbehandlungen, EKG und Spirometrie sowie mit dem Schreiben von ärztlichen Gutachten usw.
- ✓ Freundliches Wesen und großes Einfühlungsvermögen
- ✓ Freude am selbstständigen Arbeiten sowie an der konstruktiven Zusammenarbeit im Team
- ✓ Ausgeprägtes Verantwortungsbewusstsein

Meine Berufserfahrung und meine Fähigkeiten möchte ich nun gerne in Ihrer Praxis der Allgemeinmedizin einsetzen und stehe für die Aufgabe kurzfristig zur Verfügung.

Ich freue mich auf Ihre Einladung zu einem persönlichen Gespräch und verbleibe

mit freundlichen Grüßen

Verena Haase

Anlagen

Isabelle Hinstett
Innenarchitektin

Martinistraße 1 • 80331 München
Tel.: 089 / 456 34 35 • Mobil: 0178 / 34 46 446
Email: isa.hinstett@gmx.de
www.linkedin.com/in/isa_hinstett

Architekturbüro Huber
Herrn Hans Huber
Appenhornstr. 102
81344 München

1. August 2016

Ihre neue Innenarchitektin stellt sich vor

Sehr geehrter Herr Huber,

gerne möchte ich für Ihr Büro, auf das ich durch Internet-Recherche aufmerksam geworden bin, tätig werden und stelle mich Ihnen heute kurz vor.

Mit dem Studienabschluss Innenarchitektur in diesem Sommer habe ich meine Leidenschaft für Inneneinrichtungen zu meinem Beruf gemacht. Bereits in meiner Kindheit entwickelte ich einen ausgeprägten Sinn für alles Schöne und Stilvolle, das zugleich funktional und bequem sein kann.

So war es meine Lieblingsbeschäftigung, durch Einrichtungshäuser zu streifen, meiner Fantasie hinsichtlich verschiedenster Gestaltungsideen freien Lauf zu lassen und schön gestaltete Möbel zu bewundern.

Durch verschiedene Praxisprojekte an der Uni und ein achtwöchiges Praktikum in einem renommierten Berliner Innenarchitektur-Büro konnte ich praktische Erfahrungen in meinem Beruf sammeln.

Mein Studium habe ich durch die Tätigkeit als Verkaufshilfe in einem Münchner Möbelhaus komplett selbst finanziert. So bin ich den zuvorkommenden und serviceorientierten Umgang mit Kunden gewohnt und habe große Freude daran, verschiedenste Menschen zu beraten, mich in ihre Vorstellungen hineinzuversetzen, ihnen Ideen zu präsentieren und individuell auf ihre Wünsche einzugehen. In der Zusammenarbeit mit den unterschiedlichsten Kunden kommt mir die Fähigkeit, mich sehr schnell auf Menschen verschiedenster Prägung einzustellen, voll zugute.

Mein Fachwissen, die bereits gesammelten Erfahrungen und meine Fähigkeiten möchte ich nun sehr gerne in Ihrem Architekturbüro einsetzen.

Sollte meine Bewerbung Ihr Interesse geweckt haben, momentan jedoch keine passende Stelle zu besetzen sein, freue ich mich auch über die Gelegenheit, Ihr Büro sowie Ihre Arbeit während eines Praktikums intensiv kennenzulernen.

Mit freundlichen Grüßen

Isabelle Hinstett

PS: Mit einer kleinen Arbeitsprobe möchte ich Sie von meiner Kompetenz überzeugen.
     Können wir dazu in den nächsten Tagen telefonieren?

Zu den Anschreiben an Freiberufler wie in Arztpraxen, Architekturbüros, Steuerberater- oder Rechtsanwaltskanzleien etc.

Arztpraxis, Arzthelferin Verena Haase

Hier bewirbt sich die Ihnen schon einmal vorgestellte Verena Haase – jetzt jedoch als Arzthelferin. Haben Sie ihr Anschreiben von S. 37 noch in Erinnerung? Vergleichen Sie die beiden völlig unterschiedlichen Anschreiben-Stile und ihre optischen Umsetzungen, mit denen sich die Bewerberin für die jeweiligen Aufgaben und Verantwortungsbereiche präsentiert.

Nach dem sehr guten, wenn auch minimalistischen **Einstieg** kommt die Bewerberin direkt zur Darstellung ihrer Ausgangssituation und ihrer USPs. Die gewählte Form und inhaltliche Gestaltung sind schlicht, aber ansprechend. Der stilvoll gestaltete **Absenderkopf** mit entsprechend angepasster Berufsbezeichnung vermittelt sofort, worum es geht, und der angenehm kurze **Anschreibentext** mit den Haken als Blickfang lässt den Leser das Wichtigste schnell erfassen.

Einschätzung

Kürze und Form der Präsentation machen einen überzeugenden Eindruck.

Architekturbüro, Innenarchitektin Isabelle Hinstett

Ein ganz außergewöhnlich ästhetischer **Briefkopf**, der die Berufsbezeichnung deutlich in den Mittelpunkt rückt. Auffällig: Hier finden wir einen Verweis auf das Profil der Bewerberin bei LinkedIn vor. Die **Betreffzeile** ist schon sehr selbstbewusst getextet und das **PS** am Ende ist ein weiterer Blickfang. Für ganz besonders gelungen halten wir die fettgedruckten Zeilen in der Mitte des Schreibens, die auch sofort die volle Aufmerksamkeit des Lesers bekommen.

An Berufserfahrungen hat die junge Innenarchitektin noch nicht viel zu bieten. Wie sie aber sich und ihr Mitarbeitsangebot hier im Anschreiben inszeniert, ist absolut beispielhaft und in der Tat eine wirklich überzeugende Arbeitsprobe. Da sich die Kandidatin offensichtlich eigeninitiativ vorstellt, musste sie sich etwas einfallen lassen, um Interesse an ihrer Person und Mitarbeit zu wecken.

Einschätzung

Das ist ihr mit diesem Anschreiben und all seinen kleinen optischen Tricks, um die Aufmerksamkeit des Empfängers zu wecken, absolut wunderbar gelungen. Vielleicht das beste Anschreibenbeispiel in diesem Buch!

Bewerben bei Freiberuflern wie in Arztpraxen, Architekturbüros, Steuerberater- oder Rechtsanwaltskanzleien etc.

Wer hier die besten Chancen auf den Job hat, ist ganz stark abhängig von der Unternehmerpersönlichkeit, die führt. Deshalb helfen nur eine gründliche Recherche und ein Gespür, welcher Stil (modern oder eher konservativ-klassisch) beim Empfänger wohl besser ankommt.

Wichtig: Im Anschreiben sollten Sie zeigen, dass Sie gut recherchiert haben, und einen deutlichen Bezug zum Arbeitsplatz, der Unternehmensform und den Aufgaben herstellen. Der Empfänger muss auf jeden Fall namentlich angesprochen werden.

Diese Fehler sollten Sie vermeiden: Eine langweilige Standardbewerbung versenden. »Sehr geehrte Damen und Herren« als Ansprache wählen. Das Anschreiben lieblos, zu kurz oder zu ausschweifend verfassen.

Tipps: Das Wichtigste sind die Recherche und ein guter, möglichst sehr persönlicher Anknüpfungspunkt.

---

6. Lektion   Foto

In Bewerbungsseminaren fragen wir gerne unsere Teilnehmer, was wohl die bedeutendste Rolle in den Bewerbungsunterlagen spielt. Wir bekommen viele unterschiedliche Einschätzungen und geben dann unsere **Antwort: Ihr Foto**! Es ist in der Tat der emotionale Weichensteller, und wenn Sie bereits mit Ihrem Foto auf dem Anschreiben um Vertrauen werben, ist das sicher auch ein aufmerksamkeitsstarkes Element. Schauen Sie sich die Beispiele auf S. 38, 67 und 69 an.

Janna Hensel
Sekretariatsfachkraft

Am Osterberg 7
14469 Potsdam
03 30 / 1 23 45 66
janna.hensel@web.de
www.xing.com/profile/Janna_Hensel

Schader Finanz & Boden Management GmbH
Herrn Schmidt
Kurfürstendamm 100
10707 Berlin

Potsdam, 30. Mai 2016

**Sekretärin, 36 Jahre, mit langjähriger Berufserfahrung
sucht zum 1. Juli 2016 aktive, anspruchsvolle Mitarbeit
in Ihrer Immobilien-Management-Firma**

Sehr geehrter Herr Schmidt,

Ihre Sekretärin Frau Löfler sagte mir heute in einem Telefongespräch, dass Sie in
Potsdam eine Niederlassung Ihres Unternehmens planen. Mir ist Ihre Firma aus
meiner Zeit in Wiesbaden ein Begriff, denn ich hatte durch meine damalige Tätigkeit
Kontakte zu Ihrer dortigen Niederlassung.

Sehr gern würde ich den Aufbau Ihrer Firma in Potsdam durch meine engagierte und
aktive Mitarbeit voranbringen. Aufgrund meiner Tätigkeit bei Müller Immobilien OHG
in Berlin bringe ich fundierte Erfahrungen als Sekretärin des Projektleiters im
Immobilien-Management mit.

Ferner strebe ich aus persönlichen Gründen eine Arbeitsstelle in Potsdam an.

Es würde mich sehr freuen, wenn Sie mich nach Prüfung meiner
Bewerbungsunterlagen zu einem Vorstellungsgespräch einladen.

Mit freundlichen Grüßen nach Berlin

Janna Hensel

Anlage: Bewerbungsmappe

THOMAS WELLMER

M. Sc. Ernährungswissenschaften

TORGASSE 12, A-1450 WIEN
TEL.: +43 1 310 82 129
E-MAIL: TOM.WELLMER@GMX.NET

Bio-Confood GmbH
Herrn Schulze
Am Lilienweg 25
70173 Stuttgart

Wien, 25.07.2016

Bewerbung als Junior-Projektmanager für die Lebensmittelentwicklung

Sehr geehrter Herr Schulze,

wie besprochen, übersende ich Ihnen nach unserem netten Telefonat hier meine
ausführlichen Bewerbungsunterlagen. Ihre Firma ist mir seit Langem als führendes
Unternehmen im Bereich der Lebensmittelforschung bekannt, weshalb ich sehr gern
meine Kompetenzen und Fähigkeiten erfolgreich bei Ihnen einbringen möchte.

Kurz nochmals zu meiner fachlichen Ausgangssituation:

- Studium der Ernährungswissenschaften an der Universität Wien
- Spezialisierung auf ökologisch orientierte Lebensmittelentwicklung
- selbstständiges Bearbeiten verschiedenster (wissenschaftlicher) Aufgaben
- sicherer Umgang mit der englischen Sprache

Einige Aspekte meines Persönlichkeitsprofils:

- 25 Jahre jung
- hohe Kommunikationsfähigkeit
- rasche Auffassungsgabe
- überdurchschnittliche Zielstrebigkeit

Nach Abschluss meines Studiums möchte ich mein Wissen sowie meine Fähigkeiten
praktisch umsetzen und im Sinne der Unternehmensziele erfolgreich einsetzen.
Die Tätigkeit als Junior-Projektmanager für die Lebensmittelentwicklung in Ihrem
Unternehmen stellt sich daher für mich als sehr guter Einstieg in das Berufsleben dar.

Ich freue mich, Ihnen in einem persönlichen Gespräch einen noch umfassenderen
Eindruck von mir zu vermitteln.

Mit vielen herzlichen Grüßen

[Unterschrift]

Anlagen

Zu den Anschreiben an Mittelständler (über 50 und noch unter 500 Mitarbeiter)

Mittelständler, Sekretärin Janna Hensel

Dieses an ein mittelständisches Unternehmen gerichtete Anschreiben ist kurz, überschaubar und zeichnet sich durch ein schlichtes, elegantes Design aus. Vor allem der **Briefkopf** mit der Berufsbezeichnung unter dem Namen der Bewerberin fällt positiv auf. Eine elegante, feine Schrifttype, dazu drei **Betreffzeilen** in Fettschrift und die gut lesbare Unterschrift der Absenderin fördern die Motivation, sich mit diesem Schreiben näher zu beschäftigen.

Die Absenderin kann sich für den **Einstieg** auf ein Telefonat mit der Sekretärin beziehen und hat darüber hinaus noch einen weiteren Anknüpfungspunkt. So bietet sie ihre Mithilfe sehr geschickt an. Leider erklärt sie nicht ihre persönlichen Beweggründe, die für einen Arbeitsplatzwechsel von Berlin nach Potsdam sprechen. Dafür sehen wir aber im Absender, dass sie in Potsdam wohnt. Vielleicht ist allein das der entscheidende Grund. Dann hätte sie dies aber auch kurz erklären sollen.

Einschätzung

Ein sehr elegantes, kurzes Anschreiben, das sofort zum Lesen motiviert.

Mittelständler, Junior-Projektmanager Thomas Wellmer

Das Anschreiben dieses angehenden Junior-Projektmanagers wirkt wunderbar aufgeräumt, gut strukturiert und auch recht attraktiv in der **Gestaltung** (Schriftart etc.), sodass der Leser gerne bereit ist, die dargebotenen Informationen aufzunehmen. Dazu tragen die beiden Blöcke (Ausgangssituation und Persönlichkeitsprofil) in der Mitte des Schreibens bei. Sehr gut gemacht!

Eine Berufsbezeichnung kann der junge Hochschulabsolvent noch nicht angeben, aber er hat geschickt seinen akademischen Grad in den **Briefkopf** integriert und zeigt so, dass er sich mit dem Fach, das er studiert hat, identifiziert. Unser Kandidat hat vorab telefoniert, und so ist es nun für ihn sehr viel leichter, den **Einstieg** zu finden. Auch ein Blickfang ist hier die Unterschrift.

Einschätzung

Wunderbar klar und in seiner Informationsübermittlung bestens gelungen!

Bewerben bei Mittelständlern (über 50 und noch unter 500 Mitarbeiter)

Je nach Aufgaben und Verantwortung hat man es hier mit anspruchsvollen Lesern und Voraussortierern zu tun. Auch hier helfen Recherche und Branchenkenntnisse.

Wichtig: Möglichst vorab ein paar Gespräche mit Mitarbeitern des Unternehmens führen, um ein genaues Bild vom Betrieb zu bekommen. Informieren Sie sich über XING oder andere Internetforen.

Diese Fehler sollten Sie vermeiden: Voreilig eine Bewerbung verschicken, die mangelnde Vorbereitung, wenig Sorgfalt und schwache Motivation erkennen lässt.

Tipps: Achten Sie darauf, dass der Ton, den Sie im Anschreiben anschlagen, und das Design Ihrer Unterlagen zum Unternehmen passen.

ANNETT SOLA DIPL.-BIOL.

Franz-Reinhardt-Straße 1 • 97175 Würzburg
Telefon: 0931-8844321 • E-Mail: annettsola@yahoo.de
de.linkedin.com/in/annettsola

Johnson & Johnson
Pharmaceutics GmbH
Herrn Mario Bouvier
Allensbacher Straße 40
66823 Schwabach am Taunus

Würzburg, 25. August 2016

B E W E R B U N G

Sehr geehrter Herr Bouvier,

vielen Dank für das informative Telefonat vom vergangenen Donnerstag.
Wie gewünscht erhalten Sie heute meine Bewerbung auf Ihre Ausschreibung
in der *Frankfurter Allgemeinen Zeitung* vom 18. August

> Für Johnson & Johnson gesucht
> **Hochschulabsolventen aus Medizin, Pharmazie, Chemie und Biologie**

Eine Aufgabe im Pharma Business Development, die mir die Möglichkeit
einer internationalen Karriere bei Johnson & Johnson Pharmaceutics eröffnet,
ist eine berufliche Herausforderung, bei der ich meine Fachkenntnisse,
persönlichen Stärken sowie die studienbegleitend erworbenen Erfahrungen
im Pharma-Außendienst sehr gerne einbringen möchte.

**Mein Studium an der Biologisch-Pharmazeutischen Fakultät bei Prof. Hellweg
an der Friedrich-Schiller-Universität in Jena** absolvierte ich deutlich vor Ablauf
der Regelstudienzeit mit überdurchschnittlichen Ergebnissen. Noch während
meiner Diplomarbeit und auch schon in Vorbereitung auf mein zukünftiges
Dissertationsvorhaben arbeitete ich an renommierten Pharma-Forschungsinstituten.
Die Präsentation der erzielten Ergebnisse vor internationalen Gremien verleiht mir
dank meiner sehr guten französischen und englischen Sprachkenntnisse
eine weitere Qualifikation, die Sie sich von Ihren Mitarbeitern wünschen.

Studienaufenthalte in Paris und Edinburgh haben meine Ausbildung erweitert.
Lehrtätigkeiten an den Universitäten in Frankfurt a. M. und Konstanz sowie
die Verantwortung für die Anleitung und Betreuung von Projektmitarbeitern
unterstreichen meine soziale und kommunikative Kompetenz ebenso
wie das Arbeiten in interdisziplinären Forschungsteams.

In einem Gespräch möchte ich Sie gerne von meiner Verantwortungsbereitschaft,
aber auch von meinem überdurchschnittlichen Einsatzwillen überzeugen.

Mit freundlichen Grüßen

Annett Sola

Dr. Michael Engel

Vertriebsbeauftragter
Duisburger Allee 29, 50442 Köln
Tel. 0173-39049011
mail@michael-engel.de
de.linkedin.com/in/michaelengel

Colmer & James Sales AG
Frau Reschke
Lindenstr. 41
50445 Köln

Bewerbung als Vertriebsleiter (Referenznummer DDL2190B) ⎯⎯⎯⎯⎯⎯⎯⎯⎯⎯⎯

Köln, 25.07.2016

Sehr geehrte Frau Reschke,

als **Director Sales & Programm-Management** bei einem Haushaltsgerätezulieferer
mit mehr als 4.000 Mitarbeitern verfüge ich über langjährige Erfahrung im Bereich
Vertrieb und Projektmanagement im internationalen Umfeld.

In dieser Funktion habe ich Verantwortung für zahlreiche internationale Projekte
übernommen und diese unter Einhaltung von Kosten, Qualität und Terminen
mit meinen Teams stets erfolgreich umgesetzt.

Ich bin promovierter Maschinenbauingenieur und absolvierte parallel zu meiner
beruflichen Tätigkeit ein Studium der Fachrichtung **Wirtschaftsingenieurwesen**.
Zusätzlich habe ich in den vergangenen Jahren in der Schweiz bei Fredmund Malik
diverse Leadership-Seminare besucht.

Bei meinen internationalen Ansprechpartnern in höchsten Entscheidungspositionen
werde ich als kommunikativer, integrer und stets fairer Partner wahrgenommen.
Unser seit Jahren etabliertes Netzwerk von Kunden und Lieferanten nutze ich,
um **langfristig nachhaltige und tragfähige Win-win-Lösungen** zu entwickeln.

Bedingt durch meinen Wunsch nach beruflicher Veränderung habe ich jetzt entschieden,
meinen aktuellen Arbeitgeber nach über 10 Jahren zu verlassen, und suche nun ein
international aufgestelltes Unternehmen, dessen Produkte und Philosophie für besondere
Qualität, technische Kompetenz und jederzeit hohe, verlässliche Kundenorientierung stehen.

Habe ich Ihr Interesse geweckt? Dann freue ich mich, Ihnen persönlich mehr
über meine Erfahrungen und Fähigkeiten in einem Gespräch zu berichten.

Mit freundlichen Grüßen

Dr. Michael Engel

Anlagen ⎯⎯⎯⎯⎯⎯⎯⎯⎯⎯⎯⎯⎯⎯⎯⎯⎯⎯⎯⎯⎯⎯⎯⎯⎯⎯⎯⎯⎯⎯

Zu den Anschreiben an Großunternehmen, Aktiengesellschaften, Industrie, Handel, Banken, Versicherungen

Großunternehmen Pharma Business Development, Hochschulabsolventin Pharmazie
Annett Sola

Das **Design** dieses Anschreibens ist sehr ansprechend, nicht zuletzt, weil wichtige Inhalte durch Fettschrift hervorgehoben wurden und so ganz sicher von den Augen des Betrachters wahrgenommen werden. Insgesamt hat das Schreiben eine Aufmachung, die suggeriert, dass man es mit einer ganz besonderen Kandidatin zu tun hat. Diese Erwartung wird von der Bewerberin auch inhaltlich erfüllt und so bleibt dieses Anschreiben nicht ohne positive Wirkung.

Interessant ist auch die Kombination aus schlichter **Einwort-Betreffzeile** und einem Kasten im Text selbst, der eine ähnliche Funktion übernimmt und den Leser daran erinnert, dass er auf der Suche nach Talenten ist. Bitte schön, hier haben wir so ein Talent … also anrufen, einladen und schließlich einstellen.

Einschätzung

Sehr gut gelungenes Anschreibenbeispiel, sowohl optisch als auch inhaltlich. Gehört sicher mit zu den besten in diesem Buch!

Großunternehmen, Vertriebsleiter
Dr. Michael Engel

Der **Briefkopf** ist schlicht, aber elegant designt, bei der Berufsbezeichnung »Vertriebsbeauftragter« unter dem Namen des Absenders fragt man sich allerdings: Understatement oder mangelnde Identifikation mit der Rolle als Führungskraft? Wer den Anschreibentext gelesen hat, kann sich gut auch noch etwas anders an dieser Stelle vorstellen.

Der **Einstieg** beschreibt die aktuelle berufliche Position, aus der sich der Kandidat bewirbt. So zu beginnen ist eher ungewöhnlich, aber zu diesem Bewerber passt es. Natürlich ist der fett gedruckte Satz in der Mitte des Schreibens (**Ich bin …**) schon längst ins Auge gefallen und im Gedächtnis abgespeichert (also von wegen Vertriebsbeauftragter). Klar und gut nachvollziehbar gibt der Kandidat hier seine Wechselmotivation an. Vielleicht hätte man den Satz im vorletzten Absatz auch noch fetten können.

Einschätzung

Ein hochkarätiger Kandidat, der uns hier ein paar gelungene neue Optionen vorführt.

Bewerben bei Großunternehmen

Hier gilt, wie bei allen anderen Empfängern auch: Zeigen Sie, dass die Bewerbung Ihnen wichtig ist, dass Sie bereit sind, Zeit und Mühe zu investieren. Sie recherchieren vorab und überlegen, wie Sie Ihre Botschaften formulieren und angenehm vermitteln.

Wichtig: Überlegen Sie sich Ihr Kommunikationsziel sowie die Botschaften und Argumente, die es transportieren sollen, genauestens.

Diese Fehler sollten Sie vermeiden: Eine nicht komplett durchdachte, auf die Schnelle zusammengestellte Bewerbung verschicken. Text oder Design zu modern oder gar zu kreativ/verspielt gestalten.

Tipps: Das Design sollte klassisch und stilvoll wirken. Ihren Ansprechpartner nennen Sie am besten namentlich.

Philipp Lammers
Diplom-Psychologe

Goethering 21
37073 Göttingen
Telefon: 0176 / 333 91 787
E-Mail: philipp.lammers@gmail.com

Philipp Lammers ▪ Goethering 21 ▪ 37073 Göttingen

Jobcenter
Frau Anne Liebig
Hauptstraße 112
37040 Göttingen

18. September 2016

Initiativbewerbung als Mitarbeiter in der Arbeitsvermittlung

Sehr geehrte Frau Liebig,

da ich in der Teilhabe am Arbeitsleben eine der wichtigsten Grundlagen des Lebens sehe und davon überzeugt bin, dass es zu einer Steigerung des Selbstwertgefühls sowie der Zufriedenheit und somit auch der Gesundheit führt, wenn man seinen Lebensunterhalt selbst verdient, einer geregelten Tätigkeit nachgeht und in berufliche Strukturen eingebunden ist, möchte ich sehr gerne als Arbeitsvermittler für Ihr Jobcenter tätig werden.

Aus meiner bisherigen Vita bringe ich als Diplom-Psychologe verschiedenste Erfahrungen mit. Neben der fünfjährigen Berufserfahrung als Jobcoach bei einem Bildungsträger habe ich sowohl einen Einblick in therapeutisches Arbeiten als auch in die Vernetzung mit Schnittstellen erhalten und bin versiert in Netzwerkarbeit und Verwaltungstätigkeiten. Als erfahrener Jobcoach bin ich trainiert in der Beratung von Einzelpersonen, aber auch von komplexen Familiensystemen, und stelle Ihnen diese Fachkompetenz gerne zur Verfügung. Bei meiner Tätigkeit erziele ich überdurchschnittliche Vermittlungserfolge und lege stets allergrößten Wert auf eine wirkliche Nachhaltigkeit meiner Arbeit.

Nun ist es mein großer Wunsch, früher im Beratungsprozess eines Bewerbers aktiv zu werden, als es bisher in meiner aktuellen Tätigkeit möglich war, da sich daraus eine ganze Vielzahl an neuen Handlungsoptionen ergibt.

Für eine Aufgabe stehe ich Ihnen nach einer dreimonatigen Kündigungsfrist zur Verfügung.

Über Ihre Einladung zu einem persönlichen Gespräch freue ich mich sehr.

Mit freundlichen Grüßen

Philipp Lammers

Anlagen

Olivia Schulz, M. A.

Stadt- und Regionalplanung
Landsberger Str. 2
10178 Berlin
Tel. 0162 1234567
olivia.schulz@web.de

Stadtverwaltung Berlin
Herrn Meier
Am Spreeufer 1
20112 Hamburg

Berlin, 19.08.2016

Stellenangebot Kennziffer: C11JL 22B
**Referentin in der Abteilung Kontrolle und Koordination
von städtischen Bauprojekten, Bereich Stadtentwicklungsplanung**

Sehr geehrter Herr Meier,

bei dem oben angegebenen Aufgaben- und Anforderungsprofil habe ich sofort eine starke Übereinstimmung mit meinen persönlichen Kompetenzen und Interessen feststellen können. Die Planung und Steuerung von Baumaßnahmen auf jeglichen Maßstabsebenen reizt mich sehr. Durch meine vielfältigen beruflichen Erfahrungen bin ich bereits bestens mit den Immobilien- und Raumentwicklungsinstrumenten der öffentlichen Hand vertraut und habe mir darüber hinaus sehr gute Kenntnisse im öffentlichen Bau- und Planungsrecht erwerben können.

Neben meinen Fachkenntnissen und meinem persönlichen Interesse an diesem Gebiet sehe ich meine Stärken in den Bereichen der Kommunikation und der Koordination. Das schnelle Erfassen komplexer Zusammenhänge und das verständliche Erläutern ebendieser liegen mir sehr. Schon während meines Studiums arbeitete ich am Lehrstuhl für Städtebau an der Universität Hamburg sowie im Architekturbüro Wagner & Wagner. Dort konnte ich meine teamorientierte und zielgerichtete Arbeitsweise bereits unter Beweis stellen.

Ich hoffe nun sehr, meine Fähigkeiten in die spannenden und vielfältigen Aufgaben der Stadtverwaltung Hamburg einbringen zu können, und freue mich schon jetzt auf Ihre Einladung zu einem ersten persönlichen Kennenlerngespräch.

Mit besten Grüßen

Olivia Schulz

Anlage

Zu den Anschreiben für den öffentlichen Dienst

Agentur für Arbeit, Psychologe Philipp Lammers

Ein Psychologe bewirbt sich **initiativ** beim Jobcenter. Da muss er sich etwas einfallen lassen, um aufzufallen, nicht zu viel und nicht zu sehr, aber doch in gewissem Maß. Und wie schätzen Sie es ein, ist es ihm gelungen? Wir finden, ja! Die schmale Gratwanderung ist vielleicht nicht perfekt gelungen, aber Perfektion kann auch nicht das Ziel sein. Es gibt kein Anschreiben, das man sich nicht doch noch ein bisschen besser gemacht vorstellen könnte.

Von der Optik her ist dieses Beispiel nicht besonders auffällig und dennoch andersartig. Auch wenn hier im Buch kaum Beispiele im **Blocksatz** gestaltet sind, ist er typisch für den öffentlichen Dienst und die Technikbranche. Der **Eröffnungssatz** hat es in sich. Inhaltlich überzeugt er wirklich sehr, leider ist er aber etwas lang geraten (man könnte ihn sich gut in zwei bis drei Sätze aufgeteilt vorstellen). Im zweiten Absatz argumentiert der Bewerber schlüssig mit seiner Berufserfahrung und zum **Abschluss** findet er klare Worte, um das Angebot der Mitarbeit explizit auszusprechen.

Einschätzung

Optisch angemessen und inhaltlich sehr gut! Exzellenter Einstieg!

Stadtverwaltung, Stadt- und Regionalplanerin Olivia Schulz

Ein außergewöhnlich geschmackvolles Design mit bemerkenswerter Berufsbezeichnung im **Briefkopf** (besser wäre vielleicht: Stadt- und Regionalplanerin, die gewählte Formulierung könnte als »Anmaßung« interpretiert werden, ist aber ein interessanter »Dreh«). Allein schon das zieht die Aufmerksamkeit des Empfängers auf sich. Eine optisch starke **Betreffzeile**, wenngleich ohne besonderen Text, und ein durch drei nicht allzu lange Absätze recht übersichtliches Anschreiben

bescheren der Absenderin garantiert die gewünschte Aufmerksamkeit. Einstieg und Argumentation, berufliche Selbstdarstellung (Vergangenheit: Studium, Gegenwart: wird hoffentlich noch etwas besser im Lebenslauf erläutert), alles ist stimmig, und wenn auch die Lebenslaufdaten passen und den positiven Eindruck unterstützen, wird die Kandidatin eingeladen.

Einschätzung

Angemessen klassisch bis konservativ mit gleichzeitig ästhetisch-kreativem Layout. Die Bewerbung führte direkt zur Einladung und im Ergebnis zum Job.

Bewerben im öffentlichen Dienst

Natürlich gibt es Unterschiede, je nachdem, in welchem Bereich, auf welcher Verantwortungsebene und in welchem Bundesland Sie sich bewerben.

Wichtig: Planung, Recherche, Sorgfalt und eher etwas konservativ sind die wichtigsten Stichworte, wenn es ums Bewerben im öffentlichen Dienst geht! Aber auch mit Abweichungen von den genannten Punkten kann man Erfolg haben. Es kommt sehr darauf an, in welchem Bereich Sie sich bewerben.

Diesen Fehler sollten Sie vermeiden: Übers Ziel hinausschießen, was die Kreativität Ihrer Bewerbung betrifft.

Tipps: Recherche und (Erfahrungs-)Austausch im Internet sind auf jeden Fall empfehlenswert! Eigentlich immer, hier aber besonders empfehlenswert: Eine andere Person Korrektur lesen lassen – Rechtschreib- und Formfehler sind echte No-Gos!

Beate Kramer-Petzow, Dipl.-Bibliothekarin

Parkstraße 58, 14469 Potsdam, Tel.: 0331 438523, Mobil: 0176 487533, E-Mail: B.KramerPetzow@yahoo.de

Bibliothek des Walter-Stein-Instituts
für Kulturpflanzen
Herrn Peter Ohnesorge
Friedrich-Ebert-Straße 75
14467 Potsdam

Potsdam, 03.04.2016

Suchen Sie aktuell oder demnächst eine kompetente Bibliothekarin?

Sehr geehrter Herr Ohnesorge,

herzlichen Dank für das nette und informative Telefonat am heutigen Vormittag.
Wie besprochen sende ich Ihnen meine vollständigen Bewerbungsunterlagen.
Im Folgenden ein kurzes Profil von mir:

- Diplom-Bibliothekarin, 57 Jahre alt in ungekündigter Stellung

- 26 Jahre Berufserfahrung in unterschiedlichen wissenschaftlichen Bibliotheken

- Bestens vertraut mit allen bibliothekarischen Aufgaben

- Hoch motiviert, leistungsstark und zielorientiert

Es wäre mir eine große Freude, in Zukunft für Ihre Bibliothek zu arbeiten und sie
professionell voranzubringen. Über eine Einladung zu einem Vorstellungsgespräch
würde ich mich sehr freuen. Ich bin mir sicher, Sie von meinen Fähigkeiten
überzeugen zu können.

Mit freundlichen Grüßen

Beate Kramer-Petzow

Anlagen

Zum Anschreiben bei einer Institution

Institut, Diplom-Bibliothekarin Beate Kramer-Petzow

Diese Bibliothekarin bewirbt sich mit einem kurzen, aber sehr überzeugenden Anschreiben. Die Kandidatin eröffnet es sehr ungewöhnlich mit einer Frage in der **Betreffzeile**, die selbstbewusst gestellt wird. Bei dieser **Initiativbewerbung** wurde auch vorab telefoniert. Dies spricht für das Engagement von Frau Kramer-Petzow. In einem Kurzprofil stellt sich die Kandidatin vor und beendet das Anschreiben auch wieder sehr selbstbewusst mit dem Hinweis, dass sie sich sicher ist, den Ansprechpartner von ihren Fähigkeiten überzeugen zu können. Die Kandidatin ist schon etwas älter und Jobs für Bibliothekare sind rar. Da muss man schon viele Initiativbewerbungen verschicken, gute Telefongespräche führen und Durchhaltevermögen entwickeln, bis man eine Einladung erhält.

Einschätzung

Gut gemacht, schnell zu lesen, sehr übersichtlich und auch von Erfolg gekrönt! Einladung und Job bekommen!

Bewerbungen bei Institutionen wie Kirche, Diakonie, Bundeswehr, Verbände, Unis etc.

Diese Institutionen unterscheiden sich schon deutlich und doch gibt es Gemeinsamkeiten: Der Auswahlprozess ist sehr stark persönlichkeitsorientiert! Wie sollten Ihre Bewerbungsunterlagen aussehen? Von konservativ bis hypermodern, je nach Empfänger – vieles ist vorstellbar, aber nur, wenn es sorgfältig durchdacht und geplant ist.

Wichtig: Was zählt, ist der persönliche Bezug, Ihre Motivation für die Tätigkeit in Kombination mit der Institution. Hier bewerben sich viele »Überzeugungstäter«. Ergo: Überlegen Sie sich Ihr persönliches, überzeugendes Konzept.

Diese Fehler sollten Sie vermeiden: Schwache, schlechte Vorbereitung. Ohne klare, überzeugende Botschaften in den Bewerbungsprozess einsteigen.

Tipps: Auch hier wieder – Recherche, Gespräche, sich Einschätzungen anderer einholen und unbedingt vorher bei der Institution anrufen und sich vorstellen.

7. Lektion   Zeilenführung

Vielleicht denken Sie jetzt zunächst an Flatter- oder Blocksatz. Wir plädieren für Flattersatz, er sieht einfach lebendiger aus. Das ist aber auch immer Geschmackssache.

Was oft gar nicht berücksichtigt wird, aber eigentlich eine wichtige Rolle spielt, ist die Zeilenführung. Schauen Sie sich einmal die folgenden beiden Texte an und vergleichen Sie, wie unterschiedlich die Lesefreundlichkeit ist. Die aktive, bewusste Zeilenführung ist eine besondere Herausforderung, aber auch der Mühe wert. Sie soll den Gedanken unterstützen, den Sie transportieren wollen, und hilft dabei, Ihre Botschaft erfolgreich abzusetzen bzw. sie ermöglicht dem Empfänger die optimale Aufnahme der Informationen.

1. Version

Sehr geehrter Herr Willmes,

wenn ich mir in Ihrer schönen Großanzeige die interessanten Abschnitte „Ihre Aufgaben" und auch „Ihr Profil" anschaue, fühle ich mich dort sofort wirklich bestens beschrieben und vor allem schon jetzt sehr gut aufgehoben. Und wenn ich dann auch noch bedenke, was Esprit Fashion mir in den nächsten Jahren alles bieten kann, sehe ich in Ihrem Unternehmen eine sehr attraktive Perspektive für meine berufliche und private Zukunft.

2. Version

Sehr geehrter Herr Willmes,

wenn ich mir in Ihrer Anzeige die Abschnitte „Aufgaben" und „Ihr Profil" anschaue, fühle ich mich dort sehr gut beschrieben. Und wenn ich dann bedenke, was alles Esprit Fashion mir bieten kann, sehe ich in Ihrem Unternehmen eine wirklich sehr attraktive Perspektive für meine berufliche und private Zukunft.

Verstehen Sie jetzt, warum wir eine bewusste Zeilensteuerung für so wichtig erachten? Zugegeben, nicht immer gelingt das. Schauen Sie sich unsere Beispiele an und entscheiden Sie, wie Sie es zukünftig handhaben wollen. Der Aufwand lohnt sich und die Profis machen es nicht anders.

Stil- und Anlassvarianten

Klassisches Anschreiben

Boris Thorn
21, Rue de Berri
F-75008 Paris
Tel.: 0033 156 4433 2255
E-Mail: boris.thorn@googlemail.com

Simon Stage International Ltd.
Frau Grimme
Steinbacher Str. 14
60591 Frankfurt am Main

Paris, 12.09.2016

Ihr Stellenangebot: Leiter Controlling, Kennziffer 44124C

Sehr geehrte Frau Grimme,

über Ihre Firmenhomepage bin ich auf das Stellenangebot „Leiter Controlling"
aufmerksam geworden. Mit großem Interesse habe ich das Anforderungsprofil
gelesen, das nicht nur ideal zu meinem beruflichen Werdegang passt, sondern
auch Aufgabengebiete benennt, die genau meiner Spezialisierung entsprechen.

Innerhalb meiner bisherigen beruflichen Entwicklung kann ich nicht nur auf
umfangreiche internationale Controlling-Erfahrungen verweisen, sondern auch
auf einen kontinuierlichen Ausbau meines Verantwortungsbereichs – fachlich
sowie personell. So war ich beispielsweise in London und später in Paris für die
Optimierung internationaler Controlling-Prozesse einer Investment-Gesellschaft
zuständig und habe hierbei nationale und internationale Teams geleitet und
koordiniert.

Meine Gehaltsvorstellungen liegen bei ca. 100.000 EUR plus Bonus.

Ich freue mich auf ein persönliches Gespräch und verbleibe mit
freundlichen Grüßen aus Paris

Boris Thorn

Zum klassischen Anschreiben

Klassisches Anschreiben, Leiter Controlling, Boris Thorn

Abgesehen von den beiden Schlusssätzen kommt dieses Anschreiben mit nur zwei Absätzen aus. Beim Empfänger wird es aufgrund seiner äußeren wie auch inhaltlichen Gestaltung Aufmerksamkeit erhalten. Es wirkt angenehm leicht, liest sich schnell und weckt bestimmt das Interesse, sich mit dem Absender näher zu beschäftigen. Darauf kommt es an …

Jedoch kritisch betrachtet: Allein für sich löst es vor allem Neugierde auf den CV des Absenders aus. Es fasst nur unzureichend die wichtigen Stationen und Aufgaben aus dem beruflichen Werdegang des Kandidaten zusammen. Ganz wichtig ist also deren umfassende Darstellung im Lebenslauf. Das Anschreiben übernimmt generell eine begleitende, Interesse weckende (auch vertiefende) Moderations- und (wenn möglich) Wiederholungsfunktion. Das ist hier mit wenig Aufwand (und sehr selbstbewusst) gut gelungen. Allein die Absenderanschrift (Paris) macht schon neugierig.

Einschätzung

Es gelingt dem Kandidaten anscheinend ganz leicht, das Interesse des Empfängers zu wecken. Gratulation!

Klassische Anschreiben unter der Lupe – schlicht, aber durchdacht

Wie so ein klassisches Anschreiben aussieht, wie es getextet ist und welche formalen Kriterien wichtig sind (nicht mehr als eine ordentlich gefüllte Seite, keine Extravaganzen), sehen Sie an den meisten Beispielen in diesem Buch (S. 19, S. 21 und S. 50, um nur einige Beispiele zu nennen). Auch wenn ein klassisches Anschreiben auf den ersten Blick unspektakulär erscheint, macht es doch reichlich Arbeit, will gut überlegt und geplant sein und sorgfältig ausgeführt werden.

Mit der konservativen Variante gehen Sie wenig Risiko ein, erwecken aber auch keine überdurchschnittliche Aufmerksamkeit. Sie birgt also Vor- und Nachteil zugleich, von Fall zu Fall muss man einschätzen, ob es sich lohnt, mehr Risiko einzugehen. Vergessen Sie nicht: Sie sind einer der Betrachter und am Ende entscheiden Sie. Dabei müssen Sie jedoch immer auch Ihren Empfänger und dessen Bedürfnisse, Erwartungen und Stil vor Augen haben.

8. Lektion   Extras: Zitat oder PS

Hier gehen wir kurz auf zwei weitere Möglichkeiten ein, die Sie nutzen können, um Ihrer Bewerbung Einzigartigkeit zu verleihen: das Zitat und das PS.

Zitat: Diese Option ist nicht für jeden geeignet, aber genau das ist ja das Besondere. Und wenn das Zitat zu Ihnen und dem Empfänger Ihres Anschreibens passt, dann öffnen Sie damit vielleicht das Herz des Lesenden. Bewerbungsprozesse sind bzw. haben etwas stark Emotionalisierendes. So ist insbesondere die Entscheidung des Empfängers, wem er mehr oder weniger Aufmerksamkeit widmet, nicht allein rationalen Einflüssen ausgesetzt.
Schauen Sie sich das Beispiel auf S. 64 an.

PS: Untersuchungen haben eindeutig ergeben, dass die Augen des Empfängers zwischen Absender, Betreffzeile und PS hin- und herwandern. Am aufmerksamsten werden Betreffzeile und PS gelesen. Wer sich hier Gedanken macht und etwas Wichtiges mitzuteilen weiß, ist klar im Vorteil. Aber bitte nicht »PS: Ich bin jetzt für 14 Tage im Urlaub …« schreiben!

Nutzen Sie die Gelegenheit, durch einen Nachsatz nochmals auf sich und Ihr Anliegen aufmerksam zu machen. Führen Sie einen Aspekt an, der Ihnen einen zusätzlichen Pluspunkt bringt. Vieles ist vorstellbar: ein Hinweis, Versprechen, Kompliment, eine Referenzadresse etc.

Textbausteine für PS-Zeilen:
- PS: Mit einer kleinen Arbeitsprobe möchte ich Sie von meiner Kompetenz überzeugen. Können wir dazu in den nächsten Tagen telefonieren?
- PS: Ich bin mir ganz sicher, die von Ihnen gestellten Aufgaben aufgrund von XYZ sehr erfolgreich lösen zu können. Rufen Sie mich gerne an, um einen ersten Eindruck zu gewinnen.
- PS: Ich gebe meine Unterlagen persönlich ab … (damit Sie und ich erste Eindrücke gewinnen können).

Kreative und außergewöhnliche Anschreiben

 Aaron Gaab · Stresemannstraße 27 · 10963 Berlin · Telefon 030 2812222

Frau
Silke Winkler
Mayer Marketing GmbH
Berliner Platz 3 – 7
34119 Kassel

Berlin, 10. Juli 2016

Bewerbungsunterlagen

Sehr geehrte Frau Winkler,

auf Empfehlung von Herrn von Lorenz aus Ihrem Büro stelle ich mich Ihnen heute
als möglicher neuer Medien-Designer vor.
Nach dem Abitur habe ich zunächst eine Ausbildung zum IT-System-Kaufmann absolviert
und danach an der HBK Berlin Medien-Design studiert. Im Anschluss an den Studienabschluss
konnte ich mir in verschiedenen Kommunikations- und Design-Agenturen sowie in Büros
umfangreiche Praxiskenntnisse in meinem Beruf aneignen.
Momentan bin ich in einem befristeten Arbeitsverhältnis bei der Design-Agentur
Kontrastpunkte tätig. Hier umfassen meine Spezialaufgaben hauptsächlich
Konzeption und Layout für sämtliche Werbe- sowie VKF-Materialien.
Neben den Bereichen Konzeption, DTP, Layout und Display spezialisiere
ich mich mehr und mehr auf die grafischen Anforderungen im Online-Bereich.
Durch Ihren Mitarbeiter sowie Ihre Firmenhomepage konnte ich schon viel
über die Agentur, die aktuellen Projekte und Ihre neue Firmenphilosophie erfahren.
All dies habe ich mit Interesse aufgenommen und möchte nun sehr gerne Ihr Team
aktiv verstärken. Insbesondere die neue aktuelle Spezialisierung Ihrer Design-Abteilung
im Bereich der Online-Werbung deckt sich bestens mit meinem Interessen-Profil
und motiviert mich, für Sie tätig zu werden.

Über die Gelegenheit zu einem Gespräch würde ich mich sehr freuen!

Anlagen

Adrian Mooster M.Sc. BWL
Ziegelstraße 9
73033 Göppingen
Tel.: 07161 221 837 92
Mobil: 0172 23 24 25
E-Mail: A.Mooster@gmx.de

*Die Bedeutung des Geldes liegt
entscheidend darin,
dass es eine Brücke zwischen
Gegenwart und Zukunft herstellt.*

John Maynard Keynes

PRO-Finanz GmbH
Herrn Andreas Neumann
Melanchthonstr. 23
44143 Dortmund

**Ihre Anzeige vom 19.09.2016 in der Frankfurter Allgemeinen Zeitung
Bewerbung als Trainee Marketing/Vertrieb**

Göppingen, 23. September 2016

Sehr geehrter Herr Neumann,

vielen Dank für das freundliche Telefonat am heutigen Vormittag. Wie besprochen
erhalten Sie anbei meine vollständigen Bewerbungsunterlagen.

Im März habe ich mein Studium der Betriebswirtschaftslehre an der LMU München
erfolgreich mit dem Master of Science abgeschlossen.

Zurzeit bin ich als Hospitant in einem führenden Unternehmen im Segment des Financial
Consulting privater Investoren tätig – geschätzter Umsatz ca. € 100 Mio. Dieses Gebiet ist
außerordentlich reizvoll und spannend, da es neben fundierter Sachkenntnis höchste
Konzentration und Mut zur Entscheidung verlangt.

Die Schwerpunkte meiner Begabung und meines Interesses liegen in der effektiven und
objektiven Kundenberatung sowie in der Neukundenakquisition.

Auf der Suche nach einem Berufseinstieg bin ich sehr interessiert, Ihr Unternehmen
und das für mich attraktive Aufgabengebiet Verkauf und Marketing kennenzulernen.
Ferner möchte ich auch aus persönlichen Gründen mein Wirkungsfeld sehr gerne nach
Dortmund verlegen.

Über die Einladung zu einem Vorstellungsgespräch freue ich mich.

Mit freundlichen Grüßen aus Göppingen

Adrian Mooster

Anlage

Zu den kreativen und außergewöhnlichen Anschreiben

Kreatives Anschreiben von Aaron Gaab, Medien-Designer

Das ist nun wirklich ein auffallend kreatives Design. Der Absender ist ja auch Medien-Designer – das lesen wir zwar leider nicht hinter seinem Namen im **Briefkopf**, dafür aber im Text. Dessen Inhalt kommt übrigens weniger kreativ, sondern eher konservativ rüber. Die **Betreffzeile** ist sehr schlicht gehalten und auch sonst sind fast alle Sätze nahezu klassisch.

Zum **Einstieg** nimmt der Bewerber Bezug auf die Empfehlung eines Mitarbeiters. Das ist keine schlechte Idee und ein schöner Start! Allein die Gestaltung ohne jegliche Absätze ist wieder etwas außergewöhnlich. Da das Anschreiben einen angenehm kurzen **Umfang** hat, wird es bestimmt gelesen. Sicher, in dieser Branche muss man auffallen, ohne jedoch zu übertreiben. Eine Wanderung auf einem schmalen Grat, die Aaron Gaab aber recht gut gelungen ist.

Einschätzung

Auf angenehme Weise auffällig und kurz gehalten. Dieses Anschreiben ist eher unkonventionell gestaltet, inhaltlich aber eher konservativ (vgl. Variante 2, rechte Spalte). Und doch ist hier schon eine Tendenz zu Variante 3 zu spüren, wenn man dieses mit dem nächsten Anschreiben vergleicht.

Kreatives Anschreiben von Adrian Mooster, Hochschulabsolvent BWL

Für die Branche, in der sich der Hochschulabsolvent zukünftig beruflich bewegen will, ist dieses Layout schon sehr gewagt. Außergewöhnlich: Im Kopf seines Schreibens hat er ein **Zitat** platziert. Ansonsten hält er es inhaltlich in klassisch-konservativem Schreibstil. Sicher erhält es Aufmerksamkeit, und wem es gefällt, der wird nicht zögern, den Absender einzuladen. Der Umfang ist angenehm kurz, so verführt es zum Lesen und damit zur Aufnahme aller Infos. Dabei wäre sicher auch der eine oder andere grafische Trick (z. B. fett, unterstrichen, gesperrt) dem Inhalt gut bekommen. Aber das hat sich der Absender dann doch nicht mehr getraut. Verständlich!

Einschätzung

Zweifelsohne – in der Umgebung, für die das Anschreiben gemacht worden ist, löst es bestimmt Aufmerksamkeit aus. Es ist der Kategorie 2 (siehe unten) zuzuordnen.

Kreative Anschreiben unter der Lupe – Auffallen durch ein besonderes Layout und/oder einen außergewöhnlichen Text

Was auffällig gestaltete Bewerbungsanschreiben angeht, wollen wir zwischen drei Varianten unterscheiden. Sie können der Form nach …

1. **eher konservativ, inhaltlich aber unkonventionell gehalten sein,**
2. **eher unkonventionell, dafür aber inhaltlich eher konservativ sein,**
3. **und auch inhaltlich (also in Bezug auf die Botschaften) mehr oder weniger unkonventionell sein.**

Am Anfang steht immer ein kreativer Einfall, wie man seine »Werbebotschaft«, sein Mitarbeitsangebot, sinnvoll transportieren und erfolgreich vermitteln kann. Dazu braucht es eine klare Vorstellung davon, was man wie und wem vermitteln will. Wovon sind Sie überzeugt? Wie wollen Sie den Empfänger zum Mitschwingen bringen?

Es ist absolut legitim, dass Sie sich von Ihrer besten Seite präsentieren wollen. In diesem Zusammenhang müssen Sie jedoch unbedingt den Wiedererkennungseffekt berücksichtigen. Die eigene Persönlichkeit sollte sich in Form und Inhalt in der Bewerbung spiegeln. Originalität lässt sich nicht erzwingen. Eine übernommene Idee, die nicht dem Charakter des Bewerbers entspricht oder nicht zu seinem beruflichen Metier passt, geht meist daneben.

Manche Menschen präsentieren sich besser in Bildern, andere mit Worten. Wem die zündende Idee fehlt, der ist am besten beraten, sich auf seine Kompetenz, seine Leistungsbereitschaft und auf seine charakterlichen Stärken oder persönlichen Erkennungsmerkmale,

Wertewelten und Einstellungen zu besinnen und schlicht »klassisch« zu bleiben. Falls Sie aber doch Originalität anstreben, ist es wichtig, die Bedürfnisse des Empfängers zu (er-)kennen. Zusätzlich muss es dann auch noch gelingen, Form und Inhalt zu verbinden und das Anschreiben so zu gestalten, dass die angebotene Mitarbeit als ideale (Problemlösungs-)Möglichkeit erscheint.

Ebenso wirkungsvoll wie originell wird eine Bewerbung und damit auch das Anschreiben erst, wenn der Bewerber im Vorfeld recherchiert hat, wie groß die Wahrscheinlichkeit ist, dass seine Bewerbung kommentarlos aussortiert wird, weil sie mehr Befremden als Neugier auslöst. Um das herauszufinden, empfiehlt sich immer ein Blick auf die Website des Unternehmens, in Presseberichte oder sogar ein persönlicher Besuch, sofern das Unternehmen in erreichbarer Nähe liegt. Dabei entsteht häufig auch eine gute Idee.

Für anerkannt konservative Branchen empfiehlt sich immer die oben genannte Variante 1: konservativer Rahmen mit erfrischendem Inhalt (ein ungewöhnlich getextetes Anschreiben, eine überraschende Botschaft etc.).

Last but not least: Es kommt auf ein gutes Gespür an, auch um nicht über das Ziel hinauszuschießen. Eine gute Portion Frechheit mag nicht verkehrt sein, soweit sie mit Charme gepaart ist. Niemals darf die Bewerbung, der Anschreibentext jedoch anmaßend, beleidigend oder einfach nur zeitraubend sein. Unsere Empfehlung: Schauen Sie sich den Stil des Unternehmens an und passen Sie Ihr Vorhaben entsprechend an. Um böse Überraschungen zu vermeiden, ist eine objektive Begutachtung durch Freunde (das persönliche »Kontrollgremium«) sehr hilfreich und unbedingt zu empfehlen. Diese Menschen sind hoffentlich ehrlich genug, zu sagen, wenn der Witz an der Bewerbung auch nach dem dritten Hinschauen nicht verständlich ist, wenn wichtige Informationen fehlen oder wenn überhaupt Zweifel am Erfolg einer solchen Bewerbung bestehen.

9. Lektion   Unterschrift

Für alle Bewerber gilt: Ihre Unterschrift gehört sowohl unter das Anschreiben als auch ans Ende des Lebenslaufes – Personaler berichten, dass diese handschriftliche Signatur oft vergessen wird. Das ist sicher auch auf Stress zurückzuführen, unter dem Bewerber häufig ihre Unterlagen gestalten und versenden. Unterschreiben Sie stets mit vollem Vor- und Zunamen. Beim Lebenslauf können Sie auch Ort und Datum handschriftlich hinzufügen oder Sie tippen diese beiden Angaben mit dem PC. Ihren Namen sollten Sie aber nicht in getippter Form wiederholen – weder beim Anschreiben noch unter dem Lebenslauf.

Wenn Sie Ihre Unterlagen digital verschicken, ist es auf jeden Fall empfehlenswert, Ihre Unterschrift einzuscannen und in Ihre Bewerbungsunterlagen an den passenden Stellen einzufügen.

Bevor Sie unterschreiben, üben Sie noch einmal Ihre volle Unterschrift. Das klingt vielleicht komisch, aber auch sie trägt schließlich zur Gesamt-Optik Ihrer Bewerbungsunterlagen bei.

Alexander Roller
Master of Business Administration (MBA)

Parkallee 7 ◆ 28309 Bremen
Tel.: 0171 9822124
E-Mail: alex.roller@yahoo.de

Prick Walters International AG
Frau Sara Forster
Neuer Wall 1
20354 Hamburg

30. September 2016

Initiativbewerbung als Projektmanager IT

Sehr geehrte Frau Forster,

als Jungakademiker mit **international geprägter Berufspraxis** suche ich eine anspruchsvolle Herausforderung im Management von IT-Projekten. Auf diesem Sektor verfüge ich bereits über vielfältige Erfahrung durch studienbegleitende Jobs sowie Praktika und Projekte im In- und Ausland. So habe ich beispielsweise für ein europaweites Informationssicherheitsprojekt die Koordination der Arbeitszyklen eigenverantwortlich gesteuert.

Mich motiviert insbesondere ein Arbeitsumfeld mit sehr komplexen Aufgabenstellungen, die im Team mit hochgradig spezialisierten Experten erfolgreich gelöst werden, weshalb mich eine Mitarbeit bei der Prick Walters International AG ganz besonders reizt.

Eine Übersicht meines bisherigen beruflichen Werdegangs
sowie **entsprechende Referenzen** finden Sie auf **XING** unter www.xing.com/alexroller.

Habe ich Ihr Interesse geweckt?
Dann sende ich Ihnen sehr gerne meine ausführlichen Unterlagen zu
und stehe auch für ein persönliches Gespräch jederzeit zur Verfügung.

Mit freundlichen Grüßen

Alexander Roller

Peter Münch
Diplom-Pädagoge und Sozialmanager

Rüppurrer Str. 93
76137 Karlsruhe
Telefon: 0721 37534088
E-Mail: p.muench@freenet.de

27.09.2016

ZIF – Psychosoziale Beratungsstelle
Frau Dr. Christine Menzel
Mandelgasse 56
69115 Heidelberg

Bewerbung auf die Team-Leitungsposition beim ZIF Heidelberg

Sehr geehrte Frau Dr. Menzel,

haben Sie ein paar Minuten Zeit für mich? Ich würde mich Ihnen gerne vorstellen.

Mein Wunsch ist es, im ZIF die Team-Leitungsverantwortung für Ihre Beratungsstelle zu übernehmen.

Meine Qualifikationen: Studium an der Fachhochschule in Neu-Ulm in Pädagogik und Psychologie, im Anschluss daran 5 Jahre in der Beratungsforschung bei Herrn Prof. Thomas Eisenbach.

Derzeit mache ich eine 10-monatige vollzeitliche Weiterbildung in Karlsruhe zum Sozialmanager und werde den Theorieteil mit insgesamt 1064 Stunden Ende Juni erfolgreich abschließen.

Besondere Kompetenz bringe ich mit, weil ich in den verschiedensten Einsatzgebieten und Tätigkeitsfeldern praktische Erfahrung habe und vor allem pädagogisch-psychologische Kenntnisse mit organisatorischem und administrativem Geschick zusammenführen kann. Zu meinem beruflichen und ausbildungstechnischen Hintergrund:

- Organisation: 12 Jahre ehrenamtliche Tätigkeit im Vorstand in leitender und Personalführungsfunktion mit regionaler und nationaler Verantwortung (innerhalb der Austauschorganisation AFS Interkulturelle Begegnungen e.V.)
- Dozentenerfahrung: Austauschorganisation AFS – Vermittlung von interkulturellen Inhalten, Lehrbeauftragter bei einem Sozialforschungsinstitut
- Branchenkenntnis: staatliche Einrichtungen, Jugendorganisationen, Kirche, Rotes Kreuz, universitärer Bereich
- Auslandserfahrung: USA für 18 Monate, Norwegen für 12 Monate, Israel / Gaza für 6,5 Monate

Mein Ziel ist es, andere Menschen zu unterstützen. Durch eine Orientierung an ihren Ressourcen sollen sie ihren ganz eigenen Weg finden können und dabei ihr volles Potenzial entfalten. Die Wege sind unterschiedlichster Art – ich glaube aber, dass Empowerment vor allem dort wirken kann, wo Menschen einen Dialog von Herz zu Herz führen.

Habe ich Ihr Interesse geweckt? Dann freue ich mich sehr auf ein persönliches Gespräch!

Mit besten Grüßen

Peter Münch

Manuela Conti
Vertriebsassistentin

Sonnenstraße 73
72458 Albstadt
074331 43616
m.conti@aol.de

Schwäbische Textil AG
Herrn Anton Schmelzer
Wilhelmstraße 16
72336 Balingen

Albstadt, 22.Oktober 2016

Initiativbewerbung als Vertriebsassistentin
Unser Telefonat gestern, 21.Oktober

Sehr geehrter Herr Schmelzer,

vielen Dank für das ausführliche Telefongespräch.
Ich freue mich, dass Sie für mich gute Chancen in Ihrem Unternehmen
sehen. Hier die wichtigsten Stichworte zu meiner Person:

Fortbildung zur Marketing-/Vertriebsassistentin

2005 bis heute	Sach- und Vertriebsmitarbeiterin für verschiedene Unternehmen (Klima-König Stuttgart; Hausverwaltung Schäuble, Brauns-Druck)
2004	Ausbildung zur Industriekauffrau
2001	Realschulabschluss

Arbeitsschwerpunkte
Büroorganisation
Organisation und Management von Projekten

Sprachen
Englisch (sehr gut), Italienisch (sehr gut)

Über mich persönlich
Zu meinen besonderen Eigenschaften gehört die Fähigkeit, Schwachstellen
in der Organisation und der Kommunikation schnell zu erkennen und dafür
Lösungen zu entwickeln. Ich bin gewohnt, in Gesamtzusammenhängen
zu denken und mit Weitblick zu planen.
Und – ich habe einen langen Atem! Ich bin passionierte Marathonläuferin.

Weitere Kennzeichen meiner Persönlichkeit sind, dass ich offen auf
Menschen zugehe und gerne Neues lerne.

Durch meine beruflichen Aktivitäten in ganz unterschiedlichen Bereichen
bin ich kommunikationsstark, verantwortungsbewusst und habe große
Freude an selbstständiger Arbeit.

Gerne schicke ich Ihnen meine kompletten Bewerbungsunterlagen und
stehe Ihnen für ein persönliches Gespräch – vorab auch telefonisch –
jederzeit zur Verfügung.

Mit freundlichen Grüßen

Manuela Conti

Zum Anschreiben bei Initiativbewerbungen

Anschreiben bei der Initiativbewerbung von Alexander Roller, Projektmanager IT

Schon allein durch das **Bewerbungsfoto** im Anschreibentext bekommt diese Bewerbung Aufmerksamkeit. Ein Bild sagt eben mehr als tausend Worte. Dieser Text transportiert nicht ganz so viel, ist eher brav bis etwas langweilig, aber der Absender ist ja auch nicht Germanist. Er lässt dafür lieber sein **XING-Profil** sprechen, und wenn die beigefügten Unterlagen stimmig sind, kann das auch vollkommen ausreichend sein. Vielleicht hätte man die Textzeilen noch etwas besser an das Foto anpassen sollen oder die Zeile »Habe ich Ihr Interesse geweckt?« fetten. Aber auch schon so, wie es ist, reicht dieses Anschreiben aus, um Neugier zu wecken.

Einschätzung

Ordentlich gemacht mit kreativer Foto-Idee. Dieses Anschreiben geht bestimmt nicht unter!

Anschreiben bei der Initiativbewerbung von Peter Münch, Diplom-Pädagoge und Sozialmanager

Bei diesem Anschreiben fällt zunächst die gut gestaltete **Kopfzeile** auf! Ob der Start mit »Haben Sie ein paar Minuten Zeit ...« ein gelungener Auftakt ist, darüber kann man geteilter Meinung sein. Das allein ist es auch nicht, was dieses Anschreiben anders, aber eben auch besonders sein lässt.

Die fett gesetzten **Zeilenanfänge** sind schon ein Aufmerksamkeitssignal! Das ist sicher immer eine Geschmackssache und Sie entscheiden für sich, was Sie davon annehmen und was nicht.

Auffällig ist auch die sehr kleine **Schrift** (9,5 Punkt Century Gothic), hart an der Grenze des Zumutbaren, aber es geht gerade noch so und die Schriftart wirkt modern. Am Ende reicht der Platz leider kaum für die Unterschrift, die dementsprechend sehr klein ausfällt. Das ist zwar nicht perfekt, aber zu vernachlässigen vor dem Hintergrund, dass es Herrn Münch hier wirklich gut gelingt, sich auf einer Seite überzeugend vorzustellen: Er stellt nicht nur seine Qualifikationen und Erfahrungen umfassend dar, sondern vermittelt auch etwas von seinem Arbeitsstil und seinen persönlichen Werten. Den Abschluss textet er selbstbewusst und optimistisch, passend zu der insgesamt starken **Selbstpräsentation**.

Einschätzung

Dieses Anschreiben wirkt individuell und ist gut komponiert.

Anschreiben bei der Initiativbewerbung von Manuela Conti, Vertriebsassistentin

Hier handelt es sich um ein außergewöhnliches Anschreiben und gleichzeitig eine **Kurzbewerbung**, alles auf einer Seite, inklusive **Foto**. Jetzt könnte noch eine Anlage beigefügt werden (1–2 weitere Seiten Lebenslauf, Zeugnisse), oder man überlässt dem Empfänger die Initiative. Dieser entscheidet, wie er Kontakt aufnimmt und was nachgeliefert werden soll.

In jedem Fall erzielt das Schreiben Wirkung: Der Empfänger wird schnell über die Bewerberin informiert und kann spontan entscheiden: weiterlesen, nachverfolgen oder zur Seite legen. Aber glauben Sie wirklich, dass dieses Schreiben einfach so zur Seite gelegt werden kann? Die Macht des Bildes, die Einladung, sich mittels gut strukturierten Textes schnell zu orientieren und natürlich die kommunikative Brücke durch das vorab geführte **Telefonat** – all das erzielt die gewünschte Wirkung. Aufmerksamkeit! Auch gut gelöst von der Bewerberin: Die Berufsbezeichnung hat sie direkt unter dem Namen im **Briefkopf** platziert, darunter in derselben Spalte das Foto! So sieht der Empfänger die »Vertriebsassistentin« direkt vor sich.

Besondere Vorteile dieser Anschreiben-Kurzbewerbung sind die schnelle Herstellung und der unproblematische Versand. Dieser geht sowohl per Mail als auch klassisch in einem üblichen C6-Umschlag (portogünstig). Auf den Rückversand durch den Empfänger kann getrost verzichtet werden, was ohnehin schon fast Standard geworden ist. Gerade bei der Anschreiben-Kurzbewerbung kommt es auf jedes Detail an, und das Verfassen kurzer, prägnanter Texte braucht oft etwas mehr Zeit. Bereiten Sie sich auf diese Form der Bewerbung genauso gründlich vor wie auf die ausführliche Variante.

Einschätzung

Diese Kombination aus Anschreiben und den richtigen Lebenslaufdaten ergibt eine gelungene Kurzbewerbung.

Anschreiben bei Initiativbewerbungen unter der Lupe – mehr als nur ein Türöffner

Vor jeder Initiativbewerbung muss ein sehr sorgfältiger Vorbereitungs- und Rechercheprozess stehen. Insbesondere wenn Sie sich initiativ bewerben, hat Ihr Anschreiben eine ganz wichtige Aufgabe. Sich einfach mal so schriftlich vorzustellen, um zu fragen, ob man nicht mithelfen darf, ist zu kurz gedacht … Es geht darum, ein latentes Bedürfnis bei Ihrem »Zielobjekt«, dem Unternehmen, zu wecken, für das Sie gerne tätig werden wollen.

Sobald Ihnen klar ist, wo Sie sich initiativ bewerben wollen, recherchieren Sie alles zu diesem Unternehmen (oder der Organisation). Dazu gehört beispielsweise:

- Sucht das Unternehmen neue Mitarbeiter im Internet?
- Was (und wie) wird über das Unternehmen in den Medien berichtet?
- Wie steht es im Vergleich zu Mitbewerbern auf dem (inter)nationalen Markt da?
- Gibt es aktuell oder in letzter Zeit besondere Vorhaben, Aktivitäten etc.?

Fügen Sie Ihre Rechercheergebnisse (ausgewählte Aspekte in Kombination mit Ihrem Mitarbeitsangebot) zu einem möglichst guten Passepartout zusammen, das beim Leser Ihres Anschreibens (auf einer, maximal eineinhalb Seiten) hoffentlich Bedürfnisse weckt und den weiteren Bewerbungsprozess voranbringt. Der Leser muss spüren, dass Sie wirklich etwas zu bieten haben. Nur so entsteht bei ihm der Wunsch, Sie einzuladen, weil er sich etwas von Ihnen und Ihrer Mitarbeit verspricht.

Gute Dienste leistet Ihnen ein **Netzwerk:** Nehmen Sie gezielt Kontakt auf zu Mitarbeitern oder Ex-Mitarbeitern des Unternehmens – z. B. auf XING oder LinkedIn – und interviewen Sie diese.

Ansonsten gilt für die Initiativbewerbung: so kurz wie möglich und so lange wie nötig! Erwähnen Sie im Anschreiben also, dass Sie weitere Unterlagen (z. B. Arbeitszeugnisse) gerne nachschicken und jederzeit für ein Telefonat zur Verfügung stehen.

10. Lektion   Zierelemente

Sollten Sie Ihr Anschreiben durch Zierelemente, also z. B. kleine Grafiken, optisch »tunen«? Es kommt immer darauf an, wer wem schreibt und welche Zierelemente ausgewählt werden.

Wir haben hier im Buch ein Beispiel, in dem eine Schere und ein Kamm den Briefkopf einer angehenden Friseurin zieren. In dieser Bewerbungssituation ist das sicher angemessen – das Zierelement zeigt als liebevolles Detail, dass die Bewerberin sich mit der Gestaltung ihrer Bewerbung Mühe gegeben hat. Aber käme es ebenso gut an, wenn eine chirurgische Oberärztin ihre Bewerbung mit einem Skalpell verziert? Sie müssen entscheiden und sich wohlfühlen, aber immer auch den Geschmack Ihres Gegenübers bedenken und einkalkulieren.

Hintergrundbilder: Eine Möglichkeit ist, ein besonderes »Wasserzeichen« als Hintergrundbild zu gestalten. Vorstellbar sind Fotos oder Zeichnungen. Wenn dieses Mittel sparsam und durchdacht eingesetzt wird, kann es einen tollen Effekt ergeben.

Zur Bildauswahl: Ein Förster wird sich sicherlich nicht mit Flugmodellen im Hintergrund bewerben und ein Pilot nicht mit Baummotiven. Einen gewissen Zusammenhang (Branche, Position) sollte es schon geben. Auch was die Größe und Platzierung des Motivs betrifft, überlegen Sie bitte genau, was zu Ihrer Bewerbung und dem Empfänger passt. Sie müssen nicht alles unbedingt mitmachen, um aufzufallen.

Motivationsschreiben

Martin Freihaus

Diplom-Betriebswirt

Wie ich wurde, was ich bin,
und was mich antreibt

Meine privaten und beruflichen Aufenthalte in angloamerikanischen Ländern wie den USA und England prägten nachhaltig meinen Wunsch, in der nächsten Zeit unbedingt in einem amerikanisch geführten Unternehmen zu arbeiten und mich weiterzuentwickeln.

In über zehn Jahren vielseitiger IBM-Erfahrung, zunächst als Trainee und später als Gebietsleiter im Vertrieb, konnte ich mir einen sehr guten Überblick über das wichtige Zusammenspiel der verschiedenen Bereiche in einem Unternehmen erarbeiten. Mit Kundenkontakten auf jeder Ebene, dem Verkauf und der Logistik bin ich bestens vertraut. Umsatz- und Marketingziele sind für mich stets auch persönliche Herausforderungen, denen ich mich gern jederzeit und mit hohem Engagement stelle.

Teamgeist, Durchsetzungsvermögen und Lernbereitschaft kennzeichnen mich ebenso wie meine Fähigkeit, guten Kontakt zu Mitmenschen aufzubauen, um gemeinsam mit ihnen etwas zu bewegen, zu erreichen.

München, 12. August 2016

Martin Freihaus

Mohrstraße 73 ◆ 80939 München

Zum Motivationsschreiben

Zum Motivationsschreiben von Martin Freihaus, Diplom-Betriebswirt

Schon die Überschrift und Form der Präsentation verleihen diesem Motivationsschreiben Kraft, die sich sofort in hoher Aufmerksamkeit seitens des Lesers niederschlägt. So ein Textangebot lässt man nicht links liegen, diesen Zeilen muss man sich widmen. Martin Freihaus tritt sehr selbstbewusst auf, erklärt seinem Leser, welchen Entwicklungsgang er genommen hat, und leitet daraus ab, er wolle unbedingt nochmals in einem amerikanisch geprägten Unternehmen arbeiten. Am Ende skizziert er kurz seine Wertewelt und Persönlichkeit. Damit wird er bestimmt nicht bei allen Lesern Sympathie ernten, aber darum geht es ihm auch nicht. Nach über einem Jahr der Arbeitslosigkeit hat dieses Motivationsschreiben maßgeblich dazu beigetragen, einen neuen hoch bezahlten Job zu bekommen.

Einschätzung

Gut gemacht, insbesondere für eine ganz spezielle Zielgruppe von Personalrekrutern. Sehr mutig!

Motivationsschreiben unter der Lupe – Argumente überzeugend darlegen

Wenn ein Motivationsschreiben für eine Bewerbung gefordert wird, ist damit in der Regel ein Text gemeint, der deutliche Auskunft über Ihre Beweggründe *(Warum passen Sie mit Ihren bisher gesammelten Erfahrungen genau auf die Stelle / zu diesem Unternehmen? Warum wollen Sie an diesem Produkt / dieser Dienstleistung unbedingt mitarbeiten? Was reizt Sie an der Branche, dem Unternehmen und vor allem dem Aufgabengebiet?)* transportiert. Besonders wichtig ist es, dass Sie Belege und möglichst gut nachvollziehbare Begründungen für Ihre Motivation anführen. Als Belege können z. B. dienen: die bewusste Entscheidung für bestimmte Schwerpunkte im Studium oder der Ausbildung, Freizeitinteressen, ehrenamtliches Engagement, Weiterbildungen, der persönliche Hintergrund etc.

Im strengen Sinne ist das Motivationsschreiben weder ein Anschreiben noch ein Teil Ihres Lebenslaufs, und trotzdem könnte man so einen Motivationstext in beiden Abteilungen unterbringen.

Wir nennen diese Textsorte auch »Dritte Seite« (siehe auch S. 80 ff). Fast alles, was in diesem Buch zu den Inhalten eines Anschreibens steht, trifft auch auf ein sogenanntes Motivationsschreiben zu.

11. Lektion   QR-Code

Wenn Sie mit einem QR-Code in Ihrem Anschreiben Ihre Bewerbungsunterlagen anreichern, erhält Ihre Bewerbung noch einmal einen ordentlichen Schub an Aufmerksamkeit. Sicher wird nicht jeder den Code per Handy verfolgen und nachsehen, was Sie dort anzubieten haben, aber einige eben doch. Beginnen wir also ganz am Anfang: Sie kennen QR-Codes, auch wenn Sie mit dem Begriff vielleicht spontan nichts anfangen können.

Der QR-Code (»QR« steht für »Quick Response«, also schnelle Antwort) ist ein zweidimensionaler Zeichencode, der innerhalb eines Quadrates durch schwarze und weiße Punkte dargestellt wird. Er

kann mit Handykameras eingelesen und decodiert werden, die notwendige Software ist frei verfügbar. Der QR-Code wird immer populärer, weil er unter anderem ermöglicht, URLs darzustellen, ins Handy »einzuscannen« und sofort in die entsprechende Website zu »übersetzen«. Mit dem QR-Code-Generator ist der umgekehrte Vorgang möglich: Eigene Texte können mit diesem verschlüsselt und bequem versandt und grafisch dargestellt werden. Auch QR-Generatoren sind frei verfügbar.

Unter dem Stichwort QR-Generator finden Sie im Internet verschiedene Angebote, die Ihnen eine solche Verbindungs-

möglichkeit herstellen, unter anderem www.qrcode-generator.de.

Und wohin soll Ihr QR-Code führen? Zum Beispiel zu Arbeitsproben, zu Ihrer eigenen (Bewerbungs-)Homepage, einem Bewerbungsvideo, einer Präsentation, Ihrem Blog …

Nachfassschreiben als Erinnerung oder nach dem Vorstellungsgespräch

An... clemens.birtler@amc.de

Cc...

Betreff: Mein Mitarbeitsangebot

Sehr geehrter Herr Birtler,

vor 10 Tagen schickte ich Ihnen meine vollständigen Unterlagen zur Bewerbung als Einzelhandelskaufmann. Leider habe ich seitdem keine Rückmeldung von Ihnen erhalten.
Noch immer bin ich sehr an dieser Position interessiert sowie gleichzeitig überzeugt, dass ich meine Berufserfahrung in den Bereichen Einkauf und Warenmanagement erfolgreich für Ihre Firma einsetzen kann.

Ich freue mich über eine Nachricht von Ihnen und verbleibe
mit freundlichen Grüßen

Paul Gerster

Paul Gerster
Einzelhandelskaufmann
Hombachweg 2
80951 München
089 234456
0152 234456
gerster@gmx.de

12. Lektion   E-Mail-Signaturen

Ihre E-Mail-Signatur kann ein wichtiges Selbstmarketing-Tool werden. Überlegen Sie mal, wie viele E-Mails Sie verschicken, in denen Sie am Ende Ihr berufliches Profil, Ihre Stärken und Kompetenzen kurz präsentieren könnten. Zunächst einmal gibt es die reine Text-Signatur. Hier sind keine technischen Probleme zu erwarten, wobei gleichzeitig auch keine gestalterischen Höchstleistungen realisierbar sind. Ein Beispiel:

Etwas komplizierter wird es, wenn man auch ein Foto oder bestimmte Textformatierungen übermitteln will. Hierzu muss die gesamte E-Mail im HTML-Format erstellt und verschickt werden, wobei dann auch der Empfänger HTML-E-Mails lesen können muss. Sollte dies nicht der Fall sein, so besteht das Risiko, dass Ihre E-Mail unvollständig übermittelt wird. Wir empfehlen deshalb, bei sehr wichtigen

E-Mails diese Variante eher nicht zu verwenden. Schauen wir uns auch dafür ein Beispiel an:

Bei diesem Beispiel haben wir ein Foto verwendet, verschiedene Textformatierungen (auch Farben sind möglich) sowie einen direkten Link zum XING-Profil von Sara Meier. Wenn wir nach dem Kriterium gehen, welche Signatur am meisten Aufmerksamkeit auf sich zieht, so ist das Ergebnis klar. Frau Meier vermittelt mit Ihrer Signatur Kompetenz und Leistungsmotivation (Uni-Abschluss, beruflicher Schwerpunkt) sowie Persönlichkeit (Foto). Und mit dem Link zu ihrem XING-Profil kann sie weitere Selbstmarketing-Chancen eindrucksvoll nutzen. Das Risiko ist lediglich, dass diese Signatur vielleicht nicht von allen Empfängern gelesen werden kann.

THOMAS BERNING • MUSTERSTRASSE 94 • 55430 OBERWESEL
TELEFON 0201 123456 • T.BERNING@YAHOO.DE

Kino-Center Hamburg GmbH
Herrn Mertens
Neue Straße 176
20148 Hamburg

Oberwesel, 25. Oktober 2016

Vorstellungsgespräch am Mittwoch, den 24. Oktober 2016
Meine Bewerbung als Leiter des Kino-Centers Hamburg

Sehr geehrter Herr Mertens,

vielen Dank für das ausführliche und informative Gespräch. Besonders die offene,
gute Gesprächsatmosphäre sowie Ihre Ausführungen über Unternehmensaktivitäten und
-ziele wusste ich zu schätzen.

Sehr gerne möchte ich als hauptverantwortlicher Leiter Ihres Hauses tätig werden und
mein ganzes Wissen und Engagement für die Optimierung Ihres Unternehmens einbringen.

Aus meiner Sicht sprechen für mich
• mein breites Spektrum an Organisationserfahrung,
• meine Mitarbeiterführungskompetenz,
• meine besondere Stressresistenz.

Bereits zum 1. Januar 2017 könnte ich Ihrem Unternehmen zur Verfügung stehen.
Wenn Sie mir – wie in Aussicht gestellt – bei der Wohnungsbeschaffung behilflich sind,
sehe ich einem Erfolg versprechenden Start im kommenden Jahr mit Freude entgegen.

Auf die Fortsetzung unseres Gespräches gespannt
grüße ich Sie herzlichst

Zu den Nachfassschreiben als Erinnerung oder nach dem Vorstellungsgespräch

Zum Nachfassschreiben als Erinnerung von Paul Gerster, Einzelhandelskaufmann

Um sich nach dem Versenden seiner Bewerbungsunterlagen erneut bemerkbar zu machen, hat Paul Gerster eine wunderbar klare und kurz getextete E-Mail geschrieben. Sehr höflich fragt er nach und bringt (eventuell) den Bewerbungsvorgang wieder in Erinnerung oder jetzt wenigstens in Bewegung. Das ist absolut angemessen und nach etwa zehn Tagen vollkommen in Ordnung, wenn die Empfängerseite sich bisher nicht gerührt hat. Ohne weitere Rechtfertigungen kommt der Bewerber auf den Punkt, ohne dabei zu forsch zu wirken.

Einschätzung

Einfach, schnell, prima!

Zum Nachfassschreiben nach dem Vorstellungsgespräch von Thomas Berning, Leiter Kino-Center

Hier gab es bereits eine erste persönliche Begegnung und der eingeladene Kandidat nutzt jetzt die Chance, rückblickend an das Gespräch anzuknüpfen (Lob und Dank) und die Argumente, die für ihn sprechen könnten, nochmals vorzutragen. Diese Form des Sichbedankens, -erinnerns und Zusammenzufassens wird immer noch viel zu selten genutzt. Natürlich macht ein solches Schreiben Arbeit, aber die lohnt sich auch, wenn man überzeugen will. Auf diese Weise kann man sich noch einmal positiv in Erinnerung bringen und eine Einladung zum zweiten Vorstellungsgespräch oder sogar eine Zusage sichern.

Einschätzung

Sehr gut gelungenes Beispiel, nicht nur inhaltlich, sondern auch in der optischen Form.

Nachfassschreiben unter der Lupe – am Ball zu bleiben lohnt sich

Als Erinnerung: Nicht untypisch – Sie haben sich beworben und hören länger nichts, bekommen weder eine Absage noch einen Hinweis darauf, wie lange sich der Entscheidungsfindungsprozess noch hinziehen wird. Das ist ein guter Grund, ein weiteres Schreiben zu versenden. Wichtig ist dabei, nicht vorwurfsvoll zu klingen, sondern erneut alle positiven Aspekte, die für Sie als Bewerber sprechen, zusammenzufassen. Heben Sie darüber hinaus noch einmal deutlich hervor, wie gerne Sie den Job machen wollen …

Nach dem Vorstellungsgespräch: Auch im Anschluss an das Vorstellungsgespräch kann ein sogenannter Nachfassbrief Ihre Chancen erhöhen. Hier geht es darum, deutlich zu machen, dass Sie nach dem Gespräch weiterhin bzw. erst recht sehr interessiert sind. Zeigen Sie, dass Sie verstanden haben, worum es bei der entsprechenden Stelle geht, und dass Sie am liebsten sofort Ihre ganze Arbeitskraft für das Unternehmen einsetzen wollen. Wenn Sie so etwas plump, vielleicht auch nur ungeschickt oder langweilig in Angriff nehmen oder falls das Vorstellungsgespräch eher schwierig und schleppend verlaufen ist, gewinnen Sie mit einem Nachfassbrief natürlich nichts – logisch. Gelingt es Ihnen aber, nach einem gut verlaufenen Vorstellungsgespräch mit dieser Aktion intelligent »einen draufzusetzen«, so verbessern Sie Ihre Chancen, unter die ersten drei oder gleich an die Spitze zu kommen.

Dabei kann es sich sogar lohnen, maßgeschneiderte individuelle Briefe an die unterschiedlichen Hauptakteure des Vorstellungsgesprächs zu schicken, wenn Sie mehrere Gesprächspartner hatten. Bisweilen tut es aber auch ein einzelner Brief an den potenziellen zukünftigen Chef. Dass in diesem Brief allergrößte Sorgfalt an den Tag gelegt und die Verkaufsbotschaft überlegt präsentiert werden muss, versteht sich eigentlich von selbst. Worum kann es in so einem Schreiben gehen?

- Sie danken Ihrem Gesprächspartner für Zeit und Interesse.
- Sie arbeiten noch einmal die drei wichtigsten Argumente heraus, die für Sie sprechen und von denen Sie annehmen können, dass der Empfänger diese wertzuschätzen weiß.
- Sie setzen etwaigen Negativeindrücken oder Mankos, die im Vorstellungsgespräch offensichtlich geworden sind, etwas entgegen. Räumen Sie z. B. ein, dass Ihre Erfahrungen auf dem Sektor XY noch nicht so fundiert sind, dass Sie dies jedoch aufgrund von … kompensieren können. Vermeiden Sie aber, sich für alles zu rechtfertigen oder sogar neue gravierende Negativmerkmale aufzuzeigen.
- Als positiver Abschluss des Briefes könnte Ihnen ein gut formulierter Absatz dienen, der einen neuen, zusätzlichen Kompetenz-Aspekt in Bezug auf die angestrebte Position beinhaltet, der im Vorstellungsgespräch noch nicht von Ihnen herausgestellt werden konnte.

Kurzpräsentation

Stefanie Christiana Webner, Lamorenstraße 15, 62353 Frankfurt/M, 069/561 298 07, scw@gmx.de

Diplom-Kauffrau, 40 Jahre alt, verheiratet, eine fast erwachsene Tochter

Ich bin
mit Leib und Seele bei der Raiffeisen- und Volksbanken-Genossenschaft mit Erfahrungsschwerpunkt Internationaler Genossenschaftsbankenbereich und zahlreichen Kontakten zu weiteren Geldinstituten im In- und Ausland, seit 2012 im Bundesverband der Raiffeisenbanken und Volksbanken (BRV)
* 2008 bis 2012 beim Verband Sachsen-Anhalt
* 2004 bis 2008 Kreditbankverein der BRV
* 1995 bis 2004 Hessische Landesbank einschließlich BWL-Studium

Ich kann
etwas aufbauen, umsetzen, vermarkten und auf Erfolge verweisen wie:
* Projektmanagementsystem im BRV verbunden mit der Senkung des jährlichen Projektbudgets um 60% bei gleicher Projektzahl
* Projektergebnisdatenbank für alle Genossenschaftsbanken, Nutzungs-quote bei Einführung: 20 Tsd., nach 4 Jahren: 350 Tsd. p. a.
* Staff-Move & Development-Programm: Austausch und Umsetzung von Mitarbeitern zur Qualifizierung

Ich habe
verstanden, wie Verbände funktionieren müssen, wenn sie Einrich-tungen und Mitgliedsorganisationen wirklich effizient unterstützen wollen. Dabei kommt es nicht allein auf die richtige Anwendung von Tools und Methoden an, sondern vor allem auf das Miteinandersprechen und das früh-zeitige Einbinden aller Beteiligten. Erfahrungen, die auch für meine Ehren-ämter, ich bin Schöffin und Telefonseelsorgerin, gelten.

Ich biete
* ein Netzwerk mit wertvollen Kontakten zu Bankvorständen
* kreative Methoden, um miteinander ins Gespräch zu kommen
* Leidenschaft, Ziele so zu erreichen, dass alle Beteiligten dadurch gewinnen

TOBIAS DAUERWALD

Karlstr. 9, 50678 Köln
Tel. 0231 4284538
tdauerwald@gmx.de

Gesellschaft Heute
Herrn F. Müller
Möllenbeckstr. 23
12345 Berlin

Dortmund, 8. Juli 2016

Sehr geehrter Herr Müller,

ich möchte Sie gern auf jemanden aufmerksam machen: auf mich.

Wer ich bin ...   Tobias Dauerwald, 27 Jahre alt und ein kreativer Germanist mit sozialwissenschaftlichem Hintergrund.

Was ich will ...   Ein Volontariat in Ihrem Lektorat, das ich bereits als Student kennen und sehr schätzen gelernt habe.
Gern würde ich hier meine interdisziplinären Kenntnisse sozialwissenschaftlicher Sachverhalte, meine Organisationsfähigkeit und meinen versierten Umgang mit Sprache einsetzen.

Was ich kann ...   Ich biete Ihnen berufliche Erfahrung in der Betreuung und Koordination verschiedener sozialwissenschaftlicher Buchprojekte im Querdenker Verlag. Der genaue Umgang mit Sprache und Gestaltung gehört ebenso zu meinem Repertoire wie die Koordination und Betreuung von Autoren. Außerdem bringe ich breit gefächerte Kenntnisse zum Stand des aktuellen sozialwissenschaftlichen Diskurses mit.

Ich arbeite sehr gern im Team, bin aber dank meines gut entwickelten Organisationstalentes und großer Flexibilität auch bestens in der Lage, vollkommen eigenverantwortlich zu handeln.

Gern sende ich Ihnen weitere Unterlagen zu und hoffe, bald von Ihnen zu hören.
Mit freundlichen Grüßen aus Dortmund

Tobias Dauerwald

Zu den Kurzpräsentationen

Kurzpräsentation im Mail-Anhang von Stefanie Christiana Webner, Bankerin

Die Bewerberin stellt sich dem Leser und Empfänger mit Foto und Text in einer ganz neuen Form vor. Sie verschickt diese Seite als PDF-Datei im Anhang einer Mail mit einem kurzen Ankündigungstext.

Es handelt sich weder um ein typisches Anschreiben noch um einen (Kurz-)Lebenslauf noch um ein Motivationsschreiben, und doch hat es von allen hier aufgeführten Bewerbungstypen eine gute Portion. Vielleicht ist es am besten vergleichbar mit einem **Profil** oder einer Art **Kurzbewerbung**. Aber die Bezeichnung spielt nicht die entscheidende Rolle, sondern die Fragen: Bringt es erfolgreich etwas von der Absenderin rüber, weckt es das Interesse des Empfängers und erfolgt ein Telefonat oder noch besser: eine Einladung? Urteilen Sie selbst.

Einschätzung

Eine gelungene Kombination aus allen möglichen Formen, die wir bisher kennengelernt haben. Sehr informativ und gleichzeitig kurzweilig!

Kurzpräsentation von Tobias Dauerwald, Germanist

Dieser Bewerber hat eine ganz ähnliche Herangehensweise für sich und sein Vorhaben entwickelt wie Stefanie Webner im vorigen Beispiel. Auf einer Seite, die gut gestaltet und mit seinem **Foto** versehen ist, vermittelt er eine ganze Menge an wichtigen Informationen zu seiner Person und Motivation. Allein diese Seite könnte schon so verschickt werden, digital (per Mail), aber auch klassisch per Briefpost (kleiner Umschlag). Vor-

stellbar ist aber auch, dass Arbeits- und Ausbildungszeugnisse beigelegt werden.

Einschätzung

Diese Kurzpräsentation eignet sich sowohl als Initiativ- als auch als reguläre Bewerbung auf eine Anzeige hin oder auch als Nachfassbrief. Mit dieser höchst interessanten Variante von Kurzbewerbung und Anschreiben weckt man garantiert die Aufmerksamkeit des Empfängers.

Kurzpräsentationen unter der Lupe – perfekte Selbstdarstellung in komprimierter Form

Immer wieder geht es darum, sich dem Empfänger in einer angemessenen Kurzform schriftlich (egal ob klassisch oder per E-Mail) vorzustellen und seine Mitarbeit anzubieten. Dabei müssen die Themen berufliche Erfahrung (Können, aber auch Ausbildung), Erfolge (Leistungsnachweise und Versprechen) und Wesensart (Persönlichkeit), kurz zusammengefasst: KLP – Kompetenz, Leistungsmotivation und Persönlichkeit (siehe auch S. 91) – vorgetragen werden. Neben dem typischen Begleitschreiben beim Lebenslauf (Bewerbungsanschreiben) kennen wir die Sammelbegriffe Kurzpräsentation (oder -bewerbung) und Profil. Diese bezeichnen eine Art moderne Kombination aus allen bisher bekannten Formen. Diese Formen kommen mit einer Seite aus (beste Variante), aber auch maximal zwei Seiten sind vorstell- und noch vertretbar.

Frank Feller – Verkehrsfachwirt – Speditionskaufmann

Friesengasse 5   27669 Kurstadt   Mobil: 0177 332289   E-Mail: frankfeller@web.de

Nahrungsmittel-Logistik Nord
Personalleiterin
Frau Ehrenheim
PF 4712
27580 Bremerhaven

Kurstadt, 11.06.16

Bewerbung als Assistent der Speditionsleitung
Ihre Anzeige im Bremer Morgenblatt vom 03.06.16

Sehr geehrte Frau Ehrenheim,

das ausführliche Telefonat am 09.06. mit Ihrer Mitarbeiterin Frau Linke hat mir klar verdeutlicht, dass mich das ausgeschriebene Aufgabenfeld nicht nur besonders reizt, es entspricht auch in hohem Maße meinem Qualifikationsprofil, meinem Erfahrungshorizont und meinen Vorstellungen.

Zu meinem beruflichen Hintergrund:
Ich bin gelernter, erfahrener Speditionskaufmann und geprüfter Verkehrsfachwirt.

Aus meiner Praxis als qualifizierter Mitarbeiter zweier Speditionen, zeitweilig sogar in leitender Stellung, sind mir Leistungserstellung und Auftragsabwicklung sowie Kennzahlen bestens vertraut. Als Ausbilder gehörte Personalführung zu meinen Hauptaufgaben, und daher habe ich mich auch intensiv mit personalwirtschaftlichen Steuerungsinstrumenten befasst.

<u>Ich gewinne schnell das Vertrauen von Auszubildenden und neuen Mitarbeitern.</u>

Was mich noch auszeichnet:
Ich habe ein sicheres Gefühl für logistische Schwachstellen.

Für die Position stehe ich ab August zur Verfügung. Meine Gehaltsvorstellungen erläutere ich Ihnen gern in einem persönlichen Gespräch.

Mit freundlichen Grüßen

Frank Feller

Anlagen

Frank Feller – Verkehrsfachwirt – Speditionskaufmann

Friesengasse 5 27669 Kurstadt Mobil: 0177 332289 E-Mail: frankfeller@web.de

Warum mich dieses Arbeitsfeld reizt ...

Die Weiterbildung zum Verkehrsfachwirt war die konsequente Fortsetzung meiner Ausbildung zum Speditionskaufmann: Ich habe mir einen Traum erfüllt und viel dazugelernt. Jetzt bin ich gut qualifiziert dafür, auf der planerischen Ebene zu arbeiten.

Als langjähriger Mitarbeiter von Speditionen, zeitweilig auch als Führungskraft mit Personalverantwortung, habe ich einen vielseitigen Erfahrungshorizont. Daher kann ich die Hintergründe strategischer Sach- und Personalentscheidungen gut einschätzen. Als Berufspraktiker trete ich der Hektik des Alltagsgeschäfts mit logischem Denken und Besonnenheit entgegen.

Zu meiner Vorstellung einer mich wirklich erfüllenden Tätigkeit gehört, innerhalb eines gewissen Rahmens selbstständig arbeiten zu dürfen. Mit großem Engagement und stets sehr viel Initiative bewältige ich die mir gestellten Aufgaben. Ich freue mich über Anerkennung, gewinne aber auch meine Zufriedenheit durch das unausgesprochene Vertrauen und die Wertschätzung, die mir entgegengebracht werden.

Zum Anschreiben mit Ergänzung durch eine »Dritte Seite«

Zum Anschreiben und der Dritten Seite von Frank Feller, Verkehrsfachwirt / Speditionskaufmann

Mit einem gut designten und ordentlich getexteten Anschreiben, das auch die **Zeilenumbrüche** vorbildlich berücksichtigt, stellt sich Frank Feller vor und berichtet angemessen kurz über seinen Erfahrungshintergrund. Dabei kann er als Eingangssatz auf ein **Telefonat** mit einer Mitarbeiterin zurückgreifen.

Bemerkenswert im **Anschreiben** ist die gelungene Doppel-Berufsbezeichnung nach der Weiterbildung. Wir erfahren dazu mehr auf der **Dritten Seite**, die der Kandidat geschickt benutzt, um sich, seine Motivation und das, was er in die Arbeit einzubringen gedenkt, gut getextet dem Leser zu präsentieren. So eine Extrainformation wird intensiv wahrgenommen. Wem es hier gelingt, substanzielle Botschaften, die für ihn als den richtigen neuen Mitarbeiter sprechen, abzusetzen, wird eingeladen und ist einen großen Schritt weiter.

Einschätzung

Geschickt aufgeführte Alleinstellungsmerkmale (Stichworte: Vertrauen und Schwachstellenanalyse) und eine sympathisch wirkende, informative Dritte Seite machen dieses Anschreiben erfolgreich.

Die »Dritte Seite« unter der Lupe – mit einer Extraseite punkten

Warum eine »Dritte Seite«? Die im Anschreiben vorgetragenen Informationen und »Verkaufsargumente« werden manchmal vom möglichen Arbeitgeber wegen der Vielzahl der eingehenden Bewerbungsunterlagen und des Zeitdrucks wenig beachtet. Wenn der Leser aber auf eine Seite in Ihren Bewerbungsunterlagen mit der Überschrift:

Was Sie sonst noch von mir wissen sollten …

stößt, wird der Text mit Sicherheit aufmerksam gelesen. Ein zweiter Grund für eine »Dritte Seite« kann folgender sein: Im Anschreiben gilt es, knapp und präzise auf einer Seite das Wichtigste zusammenzufassen – daran möchten Sie sich halten, hätten aber vielleicht noch mehr Wichtiges (zu Ihrer Motivation, zu Ihrem Werdegang, zu Ihrer Persönlichkeit) zu sagen. Dann ist die »Dritte Seite« Ihre Chance, überzeugende Botschaften zu vermitteln, ohne den Rahmen des Anschreibens zu sprengen.

Wem es gelingt, in wenigen kurzen Sätzen das richtige Bild von seiner Persönlichkeit und seinen beruflichen Fähigkeiten zu vermitteln, hat große Chancen, eine Einladung zum Vorstellungsgespräch zu erhalten. Eine gut gemachte »Dritte Seite« hebt Ihre Bewerbung positiv von der Menge der eingesandten Unterlagen ab. Thematisch kommen Aussagen zu Ihrer Person, Motivation und Kompetenz infrage. Versuchen Sie nicht, zu viele oder nichtssagende Informationen auf diese Seite zu pressen, das würde eher einen nachteiligen Eindruck hinterlassen. Und falls Sie unsicher sind, was Sie schreiben sollen: Lassen Sie eine »Dritte Seite« lieber weg, sie ist kein Muss und wird nur überzeugen, wenn sie wirklich gut gemacht, gut getextet ist!

Hier noch ein paar Überschriftenvorschläge:
- *Zu meiner Bewerbung*
- *Meine Motivation*
- *Warum ich mich bewerbe*
- *Zu meiner Person*
- *Was Sie noch wissen sollten*
- *Ich über mich*
- *Was mich qualifiziert*

Ob Sie diese Seite zum Abschluss unterschreiben (Ort und Datum nicht vergessen), steht Ihnen frei. Und falls Sie nur einen sehr kurzen Text einfügen möchten, können Sie dies auch ohne Extraseite im Anschluss an Ihren Lebenslauf tun.

Anschreiben im besonderen Format

═══ — BEWERBUNG ═══ — **KOORDINATORIN** ═══ — BEWERBUNG ═══

Sandra Meiner
Möllegatan 4
21420 Malmö / Schweden

Nordlicht Sprachreisen GmbH
Frau Dr. Sylvia Engel
Weidendamm 16
21109 Hamburg

Malmö, 10.10.2016

Sehr geehrte Frau Dr. Engel,

die auf Ihrer Homepage ausgeschriebene Position
hat meine besondere Aufmerksamkeit erregt,
da ich gerade eine neue berufliche Herausforderung
in einem nordeuropäischen Umfeld suche.

Ihre Anforderungen erfülle ich durch sechsjährige Berufspraxis bei internationalen Austausch-
organisationen. Regionaler Schwerpunkt meiner
derzeitigen Tätigkeit ist Schweden. Als Programm-
Koordinatorin bin ich für den gesamten Ablauf der
Programme verantwortlich, wobei der Schwerpunkt
auf der Kundenbetreuung liegt. Meine frühere
Tätigkeit als Exportassistentin sowie das Studium
der europäischen BWL stellen dafür ausgezeichnete
Voraussetzungen dar.

Besonderes Kommunikationsvermögen, Belastbarkeit und Organisationstalent haben mir Kollegen
und Vorgesetzte häufig bestätigt. Aufgrund meiner
guten Englisch- und Schwedischkenntnisse kann
ich auch mit Norwegern und Dänen kommunizieren.

Ich freue mich sehr auf die Gelegenheit, mich
persönlich mit Ihnen auszutauschen.

Mit freundlichen Grüßen

Sandra Meiner

Anlagen

IT Com GmbH
Frau Susanne Israel
Münchner Straße 48
83646 Bad Tölz

Julius Kaufmann

Lutherdamm 13
83646 Bad Tölz
Mobil: 01575 / 36 363 98
Mail: j.kaufmann@gmail.com
www.jkaufmann.de

Ihr neuer Auszubildender zum Fachinformatiker Systemintegration

11. Oktober 2016

Sehr geehrte Frau Israel,

gerne möchte ich mein berufliches System noch sehr viel weiter upgraden,
in der Ausbildung zum Fachinformatiker umfangreiches Wissen downloaden
und engagiert auf meiner Festplatte speichern.

Meine Hardware:

- Erweiterter Realschulabschluss im Juni 2016
- Umfangreiche Erfahrungen im Installieren und Reparieren
  meines eigenen PCs und der Computer von Freunden
- Absolviertes Praktikum als Fachinformatiker

Meine Software:

- Gute analytische Fähigkeiten
- Strukturiertes, zügiges Vorgehen gepaart mit großer Ausdauer
- Ausgeprägtes technisches Verständnis

Für den Start des Ausbildungs-Programmes stehe ich zum 1. August 2017
zur Verfügung. Darf ich Sie in einem Vorstellungsgespräch oder während
eines Probearbeitstages von meiner Eignung überzeugen?

Mit sehr freundlichen, hoffnungsvollen Grüßen

Julius Kaufmann

Anlagen

Zu den Anschreiben im besonderen Format

Zum Anschreiben im Querformat von
Sandra Meiner,
Koordinatorin für Sprachreisen

Sandra Meiner hat für ihre Bewerbung das **Querformat** gewählt, garantiert ein Hingucker! Die Bewerberin beginnt ihr Anschreiben mit einer zartgrauen Linie, in die sie den Zweck dieses Briefes integriert hat (statt Betreffzeile). Der zweispaltige Text ist gut lesbar und wirkt professionell. In wenigen, gut formulierten Sätzen legt Frau Meiner überzeugend dar, warum sie eine wirklich geeignete Kandidatin ist. Für die Qualifikation von besonderer Bedeutung sind ihre Sprachkenntnisse, weshalb sie diese bereits im Anschreiben näher ausführt. Ihr letzter Satz zeugt nicht nur von gesundem Selbstbewusstsein, sondern knüpft in der Wortwahl auch an ihren Arbeitsbereich an.

Einschätzung

Dieses Anschreiben vereint kreative optische Anreize und inhaltliche Argumente und führt so garantiert zum Erfolg.

Zum quadratischen Anschreiben von
Julius Kaufmann,
Auszubildender Fachinformatiker

Dieser Bewerber erregt in einem durch viele Anfragen hart umkämpften Ausbildungsmarkt Aufmerksamkeit für seine Bewerbung. Das **quadratische Format**, das er wählt, ist eine Überraschung und nimmt sofort die Aufmerksamkeit des Empfängers ein. Hinzu kommt: Die Botschaft ist klar und knapp getextet, die Zeilenführung und der Umbruch, die gesamte optische Aufmachung – alles ist dazu angetan, positiv aufzufallen. Ob auf dem klassischen Wege oder digital versandt (auch das ist per PDF-Datei im Anhang im quadratischen Format möglich), so ein Anschreiben wird Beachtung finden.

Einschätzung

Sehr gut gelungen, sowohl in der grafischen als auch inhaltlich-argumentativen Form.

Anschreiben im besonderen Format
unter der Lupe

Lesen Sie mehr zum Thema Format auf S. 11 in der Lektion zu Papier: Stärke, Farbe und Format. Wenn Sie Ihre Bewerbung digital versenden, haben Sie auch die Möglichkeit, durch ein besonderes Format aufzufallen. Legen Sie Ihr Dokument im Textverarbeitungsprogramm im Querformat oder quadratisch an, konvertieren Sie die Datei ins PDF-Format und versenden Sie Ihre Bewerbung per Mail. So wird Ihre Bewerbung sicher nicht übersehen!

So gelangen Sie zu Ihrem Online Content

Liebe Leserin, lieber Leser,

um Sie bei Ihrem Bewerbungsvorhaben bestmöglich zu unterstützen, stellen wir Ihnen die im Buch enthaltenen Anschreibenbeispiele zum Herunterladen und Bearbeiten im **RTF-Format** als **Online Content** zur Verfügung. Denken Sie daran, die Vorlagen nicht eins zu eins zu übernehmen, sondern Ihren eigenen Weg zu gehen. Individualität ist wichtig für den Bewerbungserfolg! Sie können aber von den Vorlagen profitieren, indem Sie sie für Ihre eigene Bewerbung anpassen und sich dadurch viel Arbeit und Mühe sparen.
Sie gelangen zu Ihrem Online Content, indem Sie die Seite **www.berufundkarriere.de/onlinecontent** aufrufen und den Anweisungen auf der Website folgen.

Anschreiben maßgeschneidert
Das Wichtigste in Kürze zur Komposition

Hier finden Sie eine Kurz-Anleitung für Ihr Anschreiben: Zuerst haben wir die wichtigsten inhaltlichen Aspekte zur Komposition Ihres Anschreibens kurz für Sie zusammengefasst. Im Anschluss, auf der nächsten Seite, sehen Sie eine Übersicht zum Aufbau.

Sie haben sich vorbereitet, vielleicht sogar schon Ihren Lebenslauf (beruflichen Werdegang, CV) gestaltet und grübeln jetzt über Ihrem Anschreiben. Möglicherweise denken Sie aber auch zuerst über Ihr Anschreiben nach und überlegen, was Sie dem Empfänger darin mitteilen wollen.

Sicher hilft es Ihnen, wenn Sie sich die zentralen Inhalte eines jeden Anschreibens bewusst machen. Das ist die Themenpalette: Sie …

1. stellen sich kurz vor,
2. skizzieren Ihre aktuelle berufliche Ausgangssituation,
3. beschreiben Ihren beruflichen Erfahrungshintergrund,
4. stellen Ihren Bezug zur (ausgeschriebenen) Position, Ihre hohe Motivation für Aufgabe und Position dar und
5. heben hervor, auf welche Art und Weise Sie für den Arbeitgeber als Problemlöser/-in fungieren können.

Dabei sind durchaus unterschiedliche Reihenfolgen denkbar. Von Fall zu Fall wird es auch ausreichen, wenn Sie nur drei oder vier dieser Themen in Ihr Anschreiben bringen.

So »komponieren« Sie Ihr Anschreiben

Nach der (möglichst) persönlichen Ansprache des Empfängers nehmen Sie Bezug auf das Stellenangebot (wenn Sie sich auf eine Anzeige hin melden) oder einen anderen Bewerbungsanlass. Idealerweise gibt es ein vorab geführtes Telefongespräch, auf das Sie sich beziehen können. Dies wird immer noch von etwa 98 Prozent aller Bewerber vermieden und wäre dabei die Chance für Sie! Für den Hauptteil Ihres Anschreibens sind die folgenden Fragen eine Orientierung und Hilfestellung:

▶ Welche **Argumente** sprechen dafür, dass Sie ein interessanter, vielversprechender Bewerber für die zu besetzende Stelle sind?
▶ Was sind Ihre **Qualifikationen und Qualitäten** (Problemlösungserfahrungen, Kenntnisse, Fähigkeiten, Eigenschaften, Alleinstellungsmerkmale), die z. B. den im Anzeigentext genannten Anforderungen entsprechen?
▶ Warum bewerben Sie sich (**Motivation**)?
▶ Was ist Ihre aktuelle **Ausgangssituation**?
▶ Wie wollen Sie zu **Problemlösungen** beitragen?
▶ Eventuell: Was sind Ihre **Ziele**?
▶ Eventuell: Ab **wann** sind Sie **verfügbar**? Wie sieht Ihre **Gehaltsvorstellung** aus?

Ihr Text sollte alle oder doch möglichst viele Antworten auf diese Fragen geben. Eine prägnante Zusammenfassung der wichtigsten Argumente ist jetzt die Herausforderung. **Wichtig:** Diese müssen alle auch in Ihrem Lebenslauf stehen und im Anschreiben auf ein Minimum komprimiert dargestellt werden. Das ist so wichtig, weil in vielen Fällen zuerst nur der Lebenslauf studiert wird. Wenn dieser interessant erscheint, lesen die Personaler/-innen auch das Anschreiben. Wenn Sie Ihre besten Argumente ausschließlich im Anschreiben stehen haben, besteht also die Gefahr, dass diese ihre Wirkung gar nicht erst entfalten können.

Nach diesen in der Regel fünf (das wäre die Untergrenze) bis durchschnittlich etwa zehn (in Ausnahmefällen vielleicht fünfzehn) gut formulierten, überzeugenden Sätzen endet Ihr Bewerbungsanschreiben, und zwar mit dem Hinweis, dass Sie sich über ein mögliches Vorstellungsgespräch freuen, mit der Grußformel, Ihrer Unterschrift (Vor- und Zuname, beide immer ausgeschrieben) und dem Stichwort »Anlagen«.

Versuchen Sie, Ihren Anschreibentext einmal kritisch mit den Augen des Empfängers zu lesen. Versetzen Sie sich in seine Perspektive: Wen sucht er als Mitarbeiter? Was möchte er von einem potenziellen Mitarbeiter wissen?

Mit Rücksicht auf die knappen Zeitressourcen der Personalentscheider versuchen Sie besser, mit nur einer Seite Text auszukommen. Vertretbar sind maximal eineinhalb Seiten, aber nur, wenn Sie wirklich etwas ungewöhnlich Wichtiges mitteilen können. Natürlich mögen Sie Gründe haben, warum Sie nicht mit weniger als zwei Seiten auskommen. Damit erzeugen Sie jedoch beim meist eiligen Leser zumindest Ungeduld und oft genug Widerwillen, den Text überhaupt zu lesen. Mit zwei vollen Seiten oder mehr riskieren Sie, dass Ihre Bewerbung ungelesen aussortiert wird.

Übersicht zu Aufbau und Bestandteilen

Hier eine erste Übersicht über die Struktur eines Anschreibens, die zur Orientierung dient, egal ob Sie es auf Papier oder digital per Mail verschicken wollen.

Ihre Absendergestaltung:
Name, wenn möglich Berufsbezeichnung, Adresse, Telefonnummer, evtl. Mobilnummer, E-Mail-Adresse, weitere Kontaktaufnahmemöglichkeiten wie XING oder LinkedIn

Ihr Absender, stark verkürzt und klein für den Fensterumschlag
Die Anschrift:
Firma
Ihr Ansprechpartner
Firmenadresse

(Ort) aktuelles Datum

Betreffzeile (1 bis max. 3 Zeilen)

Die Anrede:
Sehr geehrte Frau … (oder: Sehr geehrter Herr …)
(eine Leerzeile)

Der 1. Absatz:
Sagen Sie hier etwas zum Aufgabengebiet, zum Arbeitsort und / oder zum Arbeitgeber.
Vermeiden Sie den langweiligen Start »hiermit bewerbe ich mich um … «.

Der 2. und evtl. 4. Absatz:
Hier können Sie auf die in der Anzeige angegebenen Anforderungen eingehen.
Zählen Sie dabei nicht alles wortwörtlich auf.

Überlegen Sie, bei welchen Gelegenheiten Sie die von Ihnen genannten Eigenschaften oder Stärken – also z. B. Tatkraft, Geduld, Belastbarkeit oder Teamgeist – bereits bewiesen haben, und beschreiben Sie eine solche Situation kurz. – Wobei wir uns mit diesem Tipp am ehesten an Bewerber mit nur wenigen Jahren Berufspraxis richten. Die gestandene Führungspersönlichkeit mit nachweislichen langjährigen Leitungserfolgen macht sich leicht lächerlich, wenn sie im Anschreiben umständlich erklärt, in welchem Kontext sie z. B. Belastbarkeit gezeigt hat.

Der letzte Absatz:
Schreiben Sie, dass Sie an einem persönlichen Gespräch interessiert sind. Viel selbstbewusster wirken Sie, wenn Sie dabei nicht den Konjunktiv verwenden (also nicht: »Ich würde mich freuen …«).
(eine Leerzeile)

Die Grußformel:
Mit freundlichen Grüßen

Die Unterschrift:
Sie unterschreiben gut leserlich, möglichst mit blauer Tinte, mit Vor- und Zunamen.
(Wiederholen Sie den Namen nicht noch einmal mit dem Computer geschrieben.)

PS (optional, max. 2-3 Zeilen)

Anlagen (Das Schlagwort »Anlagen« reicht. Sie brauchen keine detaillierte Aufzählung!)

Von Absender bis Anlagen –
alle Elemente des Anschreibens ausführlich vorgestellt

Jetzt aber ausführlich zu den einzelnen Bestandteilen Ihres Anschreibens:

1. Ihr Briefkopf, Ihre Gestaltung und alles, was zu Ihren Kontaktdaten gehört
2. Absender für Fensterumschläge
3. Empfängeranschrift
4. Ort und Datum
5. Betreffzeile mit/ohne Bezugsunterzeile(n)
6. Anredeformen (möglichst namentlich)
7. Einstieg: Interesse wecken
8. Hauptteil: Ihr Mitarbeits- und Problemlösungsangebot
9. Schlussteil: Wie Sie hier Zeichen setzen
10. Verabschiedung – etwas persönlicher
11. Unterschrift
12. PS (optional)
13. Anlagen

1. Ihr Briefkopf, Ihre Gestaltung und alles, was zu Ihren Kontaktdaten gehört

Es gibt sicher Tausende von Varianten, wie Sie Ihr Briefpapier oder digitales Dokument gestalten können. Hier im Buch finden Sie viele Anregungen. Kurz auf den Punkt gebracht: Vom Layout her ist fast alles möglich, und was gefällt, liegt immer auch im Auge des Betrachters. Eine schöne Gestaltung fällt positiv auf, mit einem schlichten, unspektakulären, aber harmonischen Layout richten Sie keinen Schaden an.

Was in den Briefkopf gehört: Ganz klar, zuerst Ihr Name. Folgen sollte auf jeden Fall Ihre Berufsbezeichnung. In über 80 Prozent aller Fälle wird darauf verzichtet. So bietet z. B. eine Bewerberin ihre Dienste an, ohne bereits im Briefkopf darauf aufmerksam zu machen, dass sie eine Notarfachangestellte ist. Schade! Der »Ing.« (Ingenieurin) fällt es meist leichter, ihren Titel vor, hinter oder unter ihrem Namen zu platzieren, dem »Dipl. Psych.« auch noch, aber was ist mit dem Malermeister, der Bibliothekarin, der Sporttrainerin etc.? Zu der Gestaltung Ihres Briefkopfes gehört Ihr Name und der ist verbunden mit einer Berufsbezeichnung, denn darum geht es doch … Sie schreiben diesen Brief ja nicht als Privatmensch, sondern in Ihrer Berufsfunktion. Signalisieren Sie, dass Sie sich mit Ihrem Beruf identifizieren! Schauen Sie sich unsere Beispiele hier im Buch ganz bewusst daraufhin an, wie die Berufsbezeichnung integriert wurde.

Ihre Kontaktdaten sind nicht allein mit Ihrer Wohnadresse ausreichend genug dargestellt. Ihre telefonische Verfügbarkeit, Handy oder Festnetz, wenn Sie wollen, auch beide und natürlich Ihre E-Mail-Adresse (aber bitte nicht angel@heaven.com, achten Sie hier auf Seriosität) gehören unbedingt dazu. Wie Sie Ihre Telefonnummer darstellen, ist heute zwar eindeutig geklärt, wird aber immer noch sehr individuell gehandhabt. Nach aktueller DIN-Norm wird nur noch zwischen Vorwahl- und Rufnummer gegliedert (Beispiel: 0811 234567). Varianten wie (0811) 23 45 67 kommen aber auch oft noch vor und gelten nicht unbedingt als altmodisch.

Falls vorhanden, können Sie Ihre Absenderangaben auch um Hinweise auf Ihre eigene Homepage und vor allem auch um den Pfad zu Ihrem XING- oder/und LinkedIn-Profil erweitern.

Gut praktikabel sind Absenderangaben auch in Form von Fuß- und/oder Kopfzeilen – mit dem Vorteil, dass Ihr Name und die anderen Infos dann auf allen Seiten Ihrer Bewerbungsunterlagen erscheinen. Schauen Sie sich dazu die Beispiele auf den Seiten 13, 21 und 27 an.

2. Absender für Fensterumschläge

Wenn Sie Ihre Unterlagen per Post in einem Umschlag mit Sichtfenster versenden, steht Ihr Absender (in diesem Fall aber nur Name, Straße, PLZ und Ort) zusätzlich noch einmal in einer Zeile mit einer kleinen Schriftgröße (6–8 Punkt) über der Firmenanschrift. Hier dürfen Sie Ihren Vornamen mit einem Buchstaben und Punkt abkürzen und auch die Berufsbezeichnung weglassen. Aber wie gesagt: Bei der Absenderzeile direkt über der Empfängeradresse handelt es sich nur um einen zweiten Absender. Auf den Briefkopf mit den vollständigen Angaben (inkl. Telefonnummer etc.) dürfen Sie keinesfalls verzichten.

3. Empfängeranschrift

Die korrekte Anschrift für Ihre Bewerbungsunterlagen finden Sie in der Stellenanzeige oder auch auf der Firmenhomepage. Ist Ihnen der Name eines entsprechenden Ansprechpartners, der für Ihre Bewerbung zuständig ist, bekannt, müssen Sie diesen unbedingt im Anschriftenfeld aufführen. Verwenden Sie vor dem Namen die Anrede »Herrn« oder »Frau« sowie, falls vorhanden, den akademischen Titel (Beispiel: Frau Dr. Marion Müller). Achten Sie dabei penibel auf die richtige Schreibweise, um keinen schlechten ersten Eindruck zu hinterlassen. Die Laune von Frau Schumacher rutscht in den Keller, wenn sie in der Empfängeradresse (oder in der Anredezeile) »Schuhmacher« genannt wird.

4. Ort und Datum

Am häufigsten wird das aktuelle Datum rechtsbündig über der Betreffzeile notiert. Eine platzsparende Variante ist die Platzierung exakt auf einer Höhe mit dem Ort in der Empfängeradresse (natürlich weiterhin am rechten Blattrand). Eine vorangestellte Ortsangabe ist möglich, aber nicht unbedingt notwendig. Übliche Schreibweisen sind: 01.08.16 oder 1. August 2016. Die internationale Form 2016-08-1 hat sich hier noch nicht durchgesetzt, wir raten davon eher ab und empfehlen die Variante »1. August 2016«.

5. Betreffzeile mit/ohne Bezugsunterzeile(n)

»Betreff:« oder »Betr.« steht heute nicht mehr am Zeilenanfang. Das ändert aber nichts daran, dass Betreffzeilen eine enorm wichtige Funktion als Überschrift zukommt und sie neben Ihrem Absender, Ihrer Unterschrift und einem PS der wichtigste Blickfang sind.

Betreffzeilen senden ganz starke optische Signale, können absolut weichenstellend sein und rechtfertigen deshalb sorgfältigste Formulierungsüberlegungen. Inhaltlich geht es darum, den Leser auf das einzustimmen, was Sie ihm Wichtiges mitzuteilen haben. In den meisten Bewerbungen steht hier, wo die Ausschreibung gefunden wurde und um welche Position man sich bewirbt. Wenn in der Stellenanzeige eine Kennziffer genannt wird, gehört auch diese in die Betreffzeile.

Darüber hinaus sind Sie gut beraten, wenn Sie sich bei der Bezeichnung der angestrebten Position exakt an die Vorgabe aus der Stellenanzeige halten. So kann der Personalentscheider Ihre Unterlagen problemlos der entsprechenden vakanten Position im Unternehmen zuordnen. War Ihnen das bis hierher zu theoretisch? Hier ein konkretes Beispiel für eine überzeugende Betreffzeile:

Ihr Stellenangebot auf stepstone.de mit der Kennziffer 1234567 Senior Sales Manager

Maximal drei Zeilen insgesamt sind hier vorstellbar, in der Regel kommen aber 95 Prozent aller Bewerber mit ein bis zwei Zeilen gut aus.

Ihre Anzeige vom 12.12.2016 auf Jobscout

… ist fast ein wenig zu schlicht und sicher weniger dazu angetan, auf der Empfänger- und Leserseite Wünsche zu wecken, positive Vorstellungen und Erwartungen hervorzurufen. Bevor wir ein paar gewagtere Alternativen vorschlagen, möchten wir an dieser Stelle darauf hinweisen, dass alles, was wir hier schreiben und empfehlen, relativ ist. Denn: Bewerben Sie sich um eine Hausmeisterstelle, sind Sie in einer anderen Ausgangssituation als ein junger Betriebswirt, der noch in der Abschlussprüfung steckt, sich aber jetzt schon mal für eine Traineestelle in einem internationalen Großkonzern empfehlen möchte, oder ein Kandidat, der sich als Chefarzt der Chirurgie in einem Universitätsklinikum vorstellt.

Überlegen Sie sich einen guten, interessanten Betreffzeilentext, der Ihrer Einschätzung nach den Wunsch beim Empfänger verstärkt, hoffnungsvoll weiterzulesen, der aber auch Ihr Mitarbeits- und Problemlösungsangebot transportiert. Sicher, das ist Gefühlssache, und immer spielt auch ein bisschen Glück eine Rolle.

Statt in der Betreffzeile einfach nur »Ihre Anzeige …« oder »Bewerbung auf …« und ähnliche Formulierungen zu schreiben, die Sie sicherlich kennen, können Sie es auch einmal mit einem einzigen Keyword (Hingucker) wie beispielsweise …

Problemlöser

… versuchen, um dadurch Aufmerksamkeit zu gewinnen. Sicher wird das nicht alle Leser gleichermaßen begeistern und für einen Hausmeisterposten (für den wäre vielleicht besser: »Allroundhandwerker«) eine andere Wirkung entfalten als beim Anschreiben um eine vakante Chefarzt-Stelle, aber es geht uns hier darum, Sie mit den Mechanismen der Aufmerksamkeitsmobilisierung etwas vertrauter zu machen und Sie zu ermutigen, sich etwas auszudenken sowie ein wenig Kreativität einzusetzen. Dabei ist es wichtig, dass Sie nicht über das Ziel hinausschießen, wie z. B. mit »Aufgewacht!« (was fast schon ein wenig beleidigend wirkt), und sich mit dem, was Sie sich überlegt haben, um die Aufmerksamkeit des Empfängers zu gewinnen, nicht unwohl fühlen. Zugegebenermaßen ist das ein schmaler Grat. Schauen Sie, welche Betreffzeilengestaltung Ihnen bei unseren Beispielen zusagt, welche Sie für angemessen halten und was Ihnen für Ihre Situation einfällt.

- **Gesundheit ist nicht alles,
  aber ohne Gesundheit ist alles nichts**
  Abiturient bewirbt sich um einen Studienplatz
  im Gesundheitsmanagement

Die Bewerbung mit dieser Betreffzeile brachte einem jungen Abiturienten einen der heiß begehrten dualen Studienplätze im Gesundheitswesen ein. Hier noch ein paar außergewöhnliche Ideen, denn mit dem richtigen Claim können Sie Herzen öffnen! Es gibt aber natürlich keinen, mit dem Sie jeden Empfänger beglücken und alle Herzen gewinnen.

- **Nachhaltigkeit in der Entwicklung von neuen
  Informationstechnologien**
  habe ich mir, Informatiker (45), als persönliches
  Ziel gesetzt – können wir uns darüber austauschen?
- **Von der effizienten Analyse zur erfolgreichen
  Unternehmensstrategie**
  Kommunikationsbegeisterter Controller mit
  Hands-on-Mentalität
- **Immobilien steuern, nicht verwalten**
  Immobilienkauffrau mit Branchenschwerpunkt in …
- **Neue Themen   Andere Formen   Mehr Kunden**
  Industriekaufmann, Vertriebsleiter, Spezialist für …

  wie klingt das für Sie, sehr geehrter Herr Müller,
  und können wir darüber ins Gespräch kommen?
  Ich bin …

Beim letzten Beispiel hat der Bewerber die Betreffzeile und den ersten Satz geschickt verknüpft. Was würde Sie als Unternehmensleiter und Personalchef ansprechen? Diese Überlegung hilft auch hier weiter.

6. Anredeformen (möglichst namentlich)

Als übliche Anreden gelten »Sehr geehrte Frau …« oder »Sehr geehrter Herr …«. Die Anrede endet mit einem Komma, nicht etwa mit einem Ausrufezeichen, und entsprechend wird in der nächsten Zeile klein weitergeschrieben.

Leider beginnen viele Anschreiben immer noch mit »Sehr geehrte Damen und Herren« – der nach »Hallo, liebe Mitarbeiter« schwächsten und unglücklichsten Variante. Viel erfolgversprechender ist es, persönliche Ansprechpartner in Erfahrung zu bringen. Das können gelegentlich auch Geschäftsführer oder Inhaber sein, auf deren Schreibtischen (oder Rechnern) Ihre Unterlagen erst im zweiten Schritt oder gar nicht landen werden. Aber in Ermangelung eines Ansprechpartners in der Personalabteilung sind solche Anredeformen, in denen also z. B. der Geschäftsführer direkt adressiert wird, immer noch besser als das unpersönliche »Sehr geehrte Damen und Herren«. Auf die Zeile, in der Sie eine Person direkt angesprochen haben, darf dann ggf. eine zweite Zeile folgen, in der Sie die sprichwörtlichen »Sehr geehrten Damen und Herren« zusätzlich nennen, um einen erweiterten Personenkreis anzusprechen.

7. Einstieg: Interesse wecken

Angeblich entscheidet der erste Satz darüber, ob Sie zum Vorstellungsgespräch eingeladen werden. Dieses Gerücht hört oder liest man immer wieder. Das ist natürlich Quatsch, aber ein Einstieg mit einer Anrede wie »Sehr geehrte Herren« in Verbindung mit der Eröffnung »Hiermit bewerbe ich mich …« macht nun wirklich keinen guten ersten Eindruck. So also bitte nicht! Nur wie dann? Eine Kurzformel für Ihr Anschreiben lautet: DU – ICH – WIR und vermittelt, dass es erst einmal um den Aufbau einer Beziehung geht, die durch Interesse bis Neugier aufgeladen werden soll – vor dem Hintergrund, dass Unternehmen Problemlöser suchen.

Gut, wenn Sie bereits telefonisch Kontakt hatten und sich jetzt zunächst dafür bedanken und daran anknüpfen können. Ob Sie nun die Stellenausschreibung, auf die Sie sich bewerben, spiegeln oder Ihren Bezug zum Unternehmen und der möglichen Aufgabe, die Sie übernehmen wollen, an den Anfang setzen – wichtig ist, sich zu verdeutlichen, dass in aller Regel die drei Weichensteller **Kompetenz**, **Leistungsmotivation** und **Persönlichkeit** (KLP, siehe auch S. 91) darüber entscheiden, wer den Arbeitsplatz bekommt.

Jeder Journalist muss seine Leser mit dem ersten Satz neugierig machen, fesseln und zum Weiterlesen »verführen«. Leser, insbesondere Personal-Recruiter sind eher ungeduldig. Deshalb sollten Sie den Einstieg zu Ihrer Bewerbung so gestalten, dass Ihr möglicher Arbeitgeber »dranbleibt«, mehr wissen will und schnell »bedient« wird.

Sie können den Einstieg eher klassisch und konventionell, überraschend bis amüsant oder aber problemlösungsorientiert gestalten. Ihre Kompetenz und Ihre Motivation sind die beiden Aspekte, die deutlich herausgearbeitet werden müssen. Diese sollen Hoffnung machen, dass es sich lohnt, sich weiter mit Ihnen zu beschäftigen, weil Sie einer der Kandidaten zu sein scheinen, dem man die Aufgaben zutrauen kann ...

»Hiermit bewerbe ich mich um ...« oder »Ich beziehe mich auf Ihre Anzeige ...« sind stereotype und langweilige Einstiege, also nicht zu empfehlen. Als Richtlinien für den Anfang gelten: Spannung erzeugen – Interesse wecken – Freundlichkeit vermitteln.

Hier einige klassische und sehr typische Eröffnungen, die zwar nicht sonderlich innovativ sind, aber mit denen man auch nicht viel falsch machen kann:

- In Ihrer Anzeige vom ... suchen Sie eine/-n ...
- Sie beschreiben eine berufliche Aufgabe, die mich besonders interessiert ...
- Mit Interesse habe ich Ihre Anzeige gelesen und möchte mich Ihnen als ... vorstellen
- Sie suchen einen ...
- Ich bin ... und habe mit besonderem Interesse ... gelesen ...
- Die von Ihnen ausgeschriebene Position/Aufgabe ...

Damit sind Sie auf der sicheren Seite, kein Risiko, konventionell bis schlicht.

Alternativ wollen wir einmal Eröffnungen vorstellen, von denen Sie vielleicht noch nichts gelesen/gehört haben:

- Schon immer war es mein Wunsch ...
- Gerne möchte ich Sie davon überzeugen, dass ...
- Getreu meinem Motto ...
- Ihre Anzeige lesend, frage ich mich ...
- Ihre Stellenbeschreibung hat in mir ... ausgelöst
- Als ich heute Morgen zur Arbeit fuhr, wurde mir klar / ging mir durch den Kopf ...
- Wenn ich frühmorgens um 7 Uhr bei Ihnen im Büro die Tür aufschließe, stehen sicherlich viele meiner Kollegen noch im Stau. Ich wohne nur 10 Gehminuten von Ihrem Standort entfernt ...

Wenn Sie es passend auf sich und Ihren Empfänger »zuschneidern« können – warum nicht? Hier liegt der Charme in der (noch vertretbaren) Außergewöhnlichkeit.

Was als erster Satz sicher **ungeeignet** ist:
- Seit 3 Jahren Arbeitslosigkeit und über 400 Bewerbungen ...
- Nach vielen Rück- und Schicksalsschlägen suche ich ...
- Sie haben bestimmt nichts gegen Mitarbeiter, die ...

Da natürlich nicht nur der erste Satz zum Einstieg zählt, sehen Sie im Folgenden ein paar ausführlichere Vorschläge, wie man den Anfang eines Anschreibens texten kann:

Sehr geehrter Herr Müller,
seit geraumer Zeit beschäftige ich mich mit ... Deshalb fühle ich mich auch von Ihrer Anzeige ganz besonders angesprochen. Kurz zu meinem Profil ...

Sehr geehrte Frau Mayer,
Ihre Erwartungen an einen neuen ... erfülle ich und behaupte sogar, ich kann Ihnen noch mehr bieten.
Dazu möchte ich an dieser Stelle anführen ...

Sehr geehrter Herr Schulz,
Ihrem Anzeigentext entnehme ich, Sie suchen eine Spezialistin in Sachen ...
Die werden Sie in mir finden. Ich verfüge über ...

Sehr geehrter Herr Schmidt,
im Handelsblatt war zu lesen, was Sie in ... vorhaben.
Dafür biete ich Ihnen meine Mitwirkung an.
Ich bin ...

Sehr geehrte Frau Michaelis,
haben Sie vielen Dank für das ausführliche Telefonat. Es bestärkt mich darin, Ihnen meine Bewerbung zuzusenden ...

Sehr geehrter Herr Winter,
wir haben auf der Fachmesse für ... kurz miteinander über ... gesprochen und Sie haben mir Ihre Visitenkarte gegeben. Nach unserem Gespräch möchte ich Ihnen meine Mitarbeit anbieten ...

8. Hauptteil: Ihr Mitarbeits- und Problemlösungsangebot

Dies ist der Abschnitt, in dem Sie über Ihren Werdegang und Erfahrungshorizont informieren, insbesondere aber auch erklären, was Sie an der angestrebten Position reizt (Leistungsmotivation) und was Sie dafür qualifiziert. Dieser mittlere Teil (Stichwort **Selbstmarketing**) sollte mindestens so umfangreich wie die Einleitung und der Ausstieg zusammen sein.

Im Haupt- und Mittelteil Ihres Anschreibens liefern Sie die Informationen, die wirklich substanziell sind und die dafür sprechen, Sie zum Vorstellungsgespräch einzuladen. Dazu gehört das Bewusstsein, dass es sich bei Ihrer Bewerbung nicht um ein »Gesuch«, sondern um ein »Angebot« handelt. Erfolgreich ist Ihr Mitarbeits- und Problemlösungs-Angebot vor allem dann, wenn es Ihnen gelingt, Anlass zur Hoffnung darauf zu geben, dass Sie die anstehenden Aufgaben und Probleme optimal lösen können – besser als andere, die sich auch bewerben. Es gilt also, in kurzer und prägnanter Form darzustellen,

- wer Sie sind,
- was Sie auszeichnet und
- warum Sie sich bewerben,
- sowie dass es sich unbedingt für den Leser lohnt, sich intensiver mit Ihnen zu beschäftigen, Sie einzuladen, persönlich kennenzulernen.

Ohne es so direkt zu formulieren – das würde eher Widerstand hervorrufen –, sollten Sie vermitteln, der/die richtige, geradezu ideale Bewerber/-in und bestmögliche neue Mitarbeiter/-in zu sein, zumindest aber sollten Sie deutlich machen, dass sich eine nähere Betrachtung Ihrer Bewerbung und eine Einladung zum Vorstellungsgespräch lohnen. Zeigen Sie auf, dass Sie genau ins Anforderungsprofil der Firma passen. Treten Sie selbstbewusst auf – ohne Arroganz oder Selbstbeweihräucherung – aber klar, präzise und entschlossen.

»Schön und gut«, denken Sie jetzt vielleicht, »aber wie mache ich das, was schreibe ich? Bringt mich beispielsweise eine Selbstbeschreibung mit den Stichworten *motiviert, kreativ* und *ehrgeizig* weiter?«

Vorsicht: Genau diese Adjektive und Beschreibungsmerkmale seien überstrapaziert, kann man in dem Artikel »Völlig verbraucht: Top 10 der meistgenutzten Phrasen auf LinkedIn« vom 22. Januar 2015 auf LinkedIn Pulse lesen. Das Karrierenetzwerk LinkedIn habe nach einer Analyse von mehreren Millionen deutschen Online-Profilen herausgefunden, dass diese Begriffe zu den am häufigsten benutzten deutschen Bewerber-Adjektiven gehören. Ebenso zu den in deutschen Profilen am häufigsten verwendeten Schlagworten zählen laut LinkedIn: *Expertenwissen, Leidenschaft, strategisch, verantwortungsvoll, ehrgeizig, analytisch, spezialisiert* und *Auslandserfahrung*. Vermeiden Sie also »leere« Schlagworte – wenn Sie Schlagworte verwenden, unterfüttern Sie diese mit handfesten Belegen.

Für die gezielte berufliche Selbstdarstellung sind zwei Orientierungsmodelle von einleuchtender, überzeugender Wirkungskraft. Das einfachere dieser beiden Modelle (entwickelt von Hesse/Schrader 1988) konzentriert sich auf drei Ebenen (**KLP**) und ist ganz schnell vermittelt:

- **Kompetenz:** alles, was Sie gelernt haben, wissen und können, kurzum: Ihre gesammelten beruflichen Erfahrungen, die Problemlösungs-Grundlagen
- **Leistungsmotivation:** das, was Sie bereits vorweisen können an beruflichen Erfolgen und was Sie glaubhaft in Aussicht stellen, noch alles in naher Zukunft zu tun
- **Persönlichkeit:** die Art und Weise, wie Sie ticken, aus was für einem Holz Sie geschnitzt sind, wie Sie mit anderen umgehen, klarkommen ...

Galt bis vor etwa 25 Jahren die fachliche Qualifikation – das reine Können – als der entscheidende Weichensteller, ob man Karriere machte oder Führungsverantwortung übertragen bekam, gilt seit etwa 20 Jahren die sichere Erkenntnis: Es sind die sozialen Komponenten, die Persönlichkeit und Art des Umganges mit den Mitmenschen, die Weichen stellend für die Karriere sind. Es ist die soziale, emotionale oder auch Erfolgs-Intelligenz, die über berufliche Leistung, also Produktivität, Erfolg und Zufriedenheit (die eigene und die Ihrer Kunden/Vorgesetzen) entscheidet.

Wichtigster Untersuchungsgegenstand für Personaler ist deshalb Ihre persönliche Verhaltensweise speziell im Umgang mit anderen Menschen. Und deshalb beschäftigen sich viele Auswähler in Bewerbungs- und Auswahlsituationen genau mit diesen Themenkomplexen.

Neben der zugegeben sehr einfachen **KLP**-Formel (Kompetenz, Leistungsmotivation und Persönlichkeit) sind folgende vier Untersuchungsthemen relevant, wenn es um Ihre persönliche Eignungsvoraussetzung und darum, was man Ihnen in beruflicher Hinsicht zutraut, geht:

Sozialverhalten, Führungs**O**rientierung, **A**rbeitsverhalten und **P**syche, abgekürzt und leicht zu merken: **SOAP** – das zweite wichtige Orientierungsmodell. Schon klar, dass nicht für alle Berufe immer das Gleiche gilt, jedoch sind die großen Themen gut vergleichbar!

Diese zeigen wir Ihnen jetzt im Einzelnen mit den entsprechenden Unterthemen:

1. Ihr Sozialverhalten – Ihre soziale Kompetenz

Oder: Wie gehen Sie mit anderen um?
Wie kommen Sie mit anderen – und die
mit Ihnen – klar?

Unterteilt nach Themen wie:
- Kontaktfähigkeit
- Teamfähigkeit
- Verträglichkeit
- Einfühlungsvermögen

2. Ihre (zukünftige) berufliche (Führungs-)Orientierung – Machtbewusstsein und Leistungsanspruch

Oder: Was für berufliche Ziele haben Sie?
In welcher »Liga«, auf welcher Hierarchieebene
wollen Sie spielen (lieber Superspezialist/-in
oder der/die Anführer/-in)?

Unterteilt nach und verbunden mit den Fragen:
Wie steht es um Ihre …?
- Führungsmotivation
- Gestaltungsmotivation
- Leistungsmotivation
- Durchsetzungsfähigkeit

3. Ihr konkretes Arbeitsverhalten / Ihre Arbeitsweise

Oder: Problemlösungskompetenz – wie ist Ihr
Arbeitsstil? Wie gehen Sie an Aufgaben heran?

Unterteilt nach Themen, Keywords wie:
- Handlungsorientierung
- Flexibilität
- Gewissenhaftigkeit
- Einfallsreichtum

4. Ihre psychische Konstitution – Ihr Seelenzustand

Oder: Ihre persönliche Kompetenz – wie »normal«,
wie stabil, wie gesund sind Sie?

Unterteilt nach Themen wie:
- Selbstbewusstsein
- Emotionale Stabilität
- Belastbarkeit
- Sympathie und Vertrauenswürdigkeit

Wichtig ist zunächst, dass Sie sich selbst mit diesen vier großen Themenblöcken (und den dazugehörigen Unterthemen) intensiv auseinandersetzen. Wie steht es also um Ihren persönlichen Macht- und Leistungsanspruch, wie schätzen Sie diesen ein und wie vermitteln Sie Ihre Arbeitsweise, Ihr Sozialverhalten und Ihren Seelenzustand? Die beiden Modelle **KLP** und **SOAP** geben Ihnen eine Orientierung, worauf es bei der beruflichen Selbstdarstellung wirklich ankommt, worum es inhaltlich geht. Machen Sie sich Ihre eigenen Gedanken, nehmen Sie sich Zeit, fragen Sie Personen aus Ihrem Umfeld und diskutieren Sie Ihre Einschätzung mit anderen.

Ja, das alles ist leichter gesagt als getan, aber niemand behauptet, dass man ein perfektes Anschreiben innerhalb von 30 Minuten getextet hat. Wir sitzen zwischen 2 und 4 Stunden im Durchschnitt an den Anschreibenformulierungen unserer Kunden und wir sind Profis, die das x-mal in der Woche machen. Also nicht verzweifeln: Entwerfen Sie zunächst eine Rohfassung, üben Sie sich in Geduld, schlafen Sie eine Nacht drüber, um den Anschreibentext dann am nächsten Tag weiter zu verbessern.

Überlegen Sie ganz genau: Was ist Ihr Kommunikationsziel, welche Botschaften haben Sie und wie können Sie diese argumentativ unterfüttern, um die Glaubwürdigkeit und »Gedächtnishaftung« zu erhöhen?

Die überzeugendsten Inhalte nützen wenig, wenn sie in abschreckenden **Formulierungen** stecken. Viele Bewerber haben einen so großen Respekt vor dem Verfassen von Anschreiben, dass sie verkrampfen und es mit Fachbegriffen und Fremdwörtern übertreiben: »Bereits im Rahmen meiner Position als Praktikant durfte ich meine hohe Affinität zu kommunikationsrelevanten Themen unter Beweis stellen, indem ich als Schnittstelle fungierte.« Zugebenermaßen haben wir in diesem Beispiel verschiedene unnötig komplizierte Formulierungen zusammengefügt, die in dieser geballten Ladung dann doch eher selten vorkommen. Aber ganz aus der Luft gegriffen ist unser Beispiel nicht. Wie gefällt Ihnen der folgende Alternativvorschlag? »Schon als Praktikant zeigte ich Kommunikationsstärke in der erfolgreichen Zusammenarbeit mit den unterschiedlichsten Abteilungen.«

Fairerweise wollen wir erwähnen, dass manche Personaler nicht ganz unschuldig daran sind, wenn Bewerber sich in Anschreiben, mit denen sie auf Stellenanzeigen reagieren, sprachlich überschlagen. Vielleicht sind auch Sie schon über dreispaltige Anzeigen gestolpert, in denen der Wunsch-Kandidat in 25 Unterpunkten beschrieben wird, von denen eine Forderung z. B. »proaktiver High Potential« lautet.

Überlegen wir also weiter, was »einfache Sprache« bedeutet. Am besten beherzigen Sie die folgende Regel: »Benutzen Sie kein Fremdwort, wenn es dafür auch einen treffenden deutschen Begriff gibt.« Warum also »Affinität« schreiben, wo doch letztlich nichts anderes als »Vorliebe« gemeint ist?

Und auch dies ist wichtig, wenn es um die Sprache in Ihren Anschreiben geht: Finden Sie eigene Worte für Ihre Informationen. Was wir damit meinen? Falls in der Stellenanzeige z. B. »eine analytische und strategische Denkweise sowie Kommunikationsvermögen« gefordert werden, wird der Personaler, dem Sie in Ihrem Anschreiben mitteilen »Zu meinen wesentlichen Eigenschaften gehören eine analytische und strategische Denkweise sowie Kommunikationsvermögen«, sich zu Recht fragen, ob Sie sich hier wirklich selbst beschreiben oder einfach nur die Anzeige zitieren.

Lange Rede, kurzer Sinn: Die Kunst liegt darin, in selbst gewählten Formulierungen zu verdeutlichen, dass man sich in seinen Ausführungen zu den eigenen Stärken an den Erwartungen des Arbeitgebers orientiert. Wenn also »eine analytische und strategische Denkweise sowie Kommunikationsvermögen« verlangt werden, können Sie darauf z. B. mit Hinweisen auf Ihr »analytisches und strategisches Vorgehen« und Ihre »Kontakt- und Kommunikationsstärke« reagieren. Indem Sie also »analytisch«, »strategisch« und »Kommunikation« aufgreifen, spürt der Empfänger, dass Sie sich intensiv mit seinen Erwartungen auseinandergesetzt haben, ihm aber nicht einfach nur »nachplappern«.

Zentral sind die **Verständlichkeit** Ihres Textes (eher kurz und präzise) und der **Nutzwert**, den der Empfänger sofort erkennen soll. Für die konkrete Umsetzung hier noch einmal die wichtigsten Punkte in Kürze:

► Vermitteln Sie, welchen Bezug Sie zum Unternehmen haben,

► was Sie an der neuen Aufgabe reizt,

► was Ihr Beitrag zum Unternehmenserfolg werden könnte.

► Eventuell auch zusätzlich: was Ihre Job-Wechsel-Motive sind und wie Ihr berufliches Profil, Ihre Problemlösungserfahrung aussieht.

► Beschreiben Sie Ihre beruflichen und charakterlichen Stärken

► und geben Sie an, welche besonderen Kenntnisse, Fertigkeiten (z. B. Führerschein, Sprachen, Veröffentlichungen, Patente etc.) Sie zusätzlich anbieten können.

► Eventuell können Sie auch im Anschreiben Bezug nehmen auf Referenzen, Ansprechpartner aus früheren Job-Umfeldern, die sich positiv für Sie verbürgen.

Machen Sie es den Empfängern Ihrer Bewerbung so leicht wie möglich, diese Aspekte zu erfassen. Nicht zuletzt ist die Bewerbung auch eine erste Arbeitsprobe von Ihnen. Sie zeigt auf, wie serviceorientiert Sie sind, wie sorgsam Sie mit der Zeit anderer umgehen und ob Sie sich auf das Wesentliche konzentrieren können. Wenn Sie hier überzeugen, wird man Sie kennenlernen wollen und nach einem erfolgreichen Vorstellungsgespräch auch einstellen … Schauen Sie, wie in unseren Beispielen dieser Part gelöst wurde.

9. Schlussteil: Wie Sie hier Zeichen setzen

Hier geht es um Themen wie **Verfügbarkeit** – wann könnten Sie frühestens im neuen Job starten, wie sind Ihre Kündigungszeiten, sind Sie erst zu einem ganz bestimmten Datum frei? Aber auch Ihr verständlicher **Wunsch nach Diskretion**, weil Ihr aktueller Arbeitgeber noch nicht von Ihren Wechselabsichten erfahren soll, und ggf. **Gehaltvorstellungen** können hier angesprochen werden. Diese geben Sie am besten immer als Spanne an (z. B. »monatlich zwischen 2.000 Euro und 2.500 Euro brutto«, ab etwa 3.000 Euro besser die Jahresgehaltsbruttosumme, z. B. »um die 50.000« oder »85–95 Tsd.«). Etwas seltener wird hier auch Ihre Bereitschaft, den Wohnort für die neue Arbeitsstelle zu wechseln, thematisiert. Das muss aber nicht sein. Fühlen Sie sich also ganz frei. Sie entscheiden, ob Sie die gerade genannten Themen im Anschreiben stehen haben wollen. Anders sieht es natürlich aus, wenn Sie sich auf eine Stellenanzeige bewerben, in der Sie nach Verfügbarkeit und möglichem Eintrittsdatum gefragt werden. Dann sind entsprechende Antworten Pflicht.

Zwei Beispiele, wie man hier formulieren kann:
- Abschließend möchte ich Sie über meine Gehaltswünsche – um die 40 Tsd. EUR p. a. – und den frühestmöglichen Beginn der Arbeitsaufnahme – 01.09.2016 – informieren.
- Sehr gerne würde ich Ihrem Unternehmen ab dem … zur Verfügung stehen. Vielleicht ergibt sich sogar noch ein früherer Termin. Meine aktuelle Gehaltsklasse (fix plus Tantieme) bewegt sich auf die 80 Tsd. EUR Jahresbruttoeinkommen zu und ab dem 1.10. könnte ich Ihnen zur Verfügung stehen.

10. Verabschiedung – etwas persönlicher

Insbesondere am Schluss dürfen Sie nicht in Plattheiten abgleiten, sondern sollten einen freundlich-verbindlichen Schlusston setzen. Zugegeben, leichter gesagt als umgesetzt! Aber der letzte Satz ist wichtig, denn er klingt immer noch für ein paar Momente nach und bleibt im Gedächtnis. Hoffentlich! Allerspätestens an dieser Stelle fassen Sie (wenn nicht schon geschehen) möglichst alle oder wenigstens die wichtigsten Gründe, die für Sie sprechen, zusammen, in ein bis zwei Zeilen.

Hier einige Vorschläge für Abschlusssätze:
- Wenn ich / meine Bewerbung Ihr Interesse geweckt habe / hat, freue ich mich über eine Einladung zu einem Vorstellungsgespräch.
- Wenn Sie nach Durchsicht der Unterlagen weitere Informationen oder ein erstes persönliches Gespräch wünschen, so stehe ich hierfür gern zur Verfügung.

- Ich würde mich freuen, wenn Sie mich nach Prüfung der Unterlagen zu einem Vorstellungsgespräch einladen. Hier könnten wir dann gegebenenfalls weitere Details (z. B. Eintrittstermin, Gehalt) besprechen.
- Über die Einladung zu einem Gespräch freue ich mich sehr.
- Für alle weiteren Auskünfte stehe ich Ihnen gerne in einem persönlichen Gespräch, gerne aber vorab auch telefonisch zur Verfügung.

Warum nicht gleich von sich aus das Angebot machen, für ein telefonisches Vorabinterview gerne zur Verfügung zu stehen? Viele Bewerber werden oftmals vor der Einladung zum Assessment-Center oder Vorstellungsgespräch angerufen – vorangekündigt per Mail oder auch überraschend. Ihnen empfehlen wir hier, von sich aus auf diese Möglichkeit hinzuweisen.

Aus der Sicht des Unternehmens gibt es eine Reihe von Gründen, dies dann auch wahrzunehmen; beispielsweise den Kostenfaktor. Gerade wenn zwischen dem Wohnort des Bewerbers und dem Firmensitz eine größere Entfernung liegt, kann ein Vorab-Telefonat helfen, Zeit und Geld zu sparen. Auf diese Weise lässt sich klären, wer von den interessanten Bewerbern in die engere Auswahl gehört. Um das Risiko einer falschen Auswahl zu verringern, können auf telefonischem Wege beispielsweise Lebenslaufdetails genauer erfragt werden. Nebenbei lassen sich gleich auch gewisse Soft Skills wie z. B. Kontakt- und Kommunikationsfähigkeit direkt im Gespräch erleben. Auch fachliche Kompetenzen können relativ schnell abgeklärt oder sogar überprüft werden. Nicht zu vergessen die angegebenen Sprachkenntnisse. Kann der Bewerber tatsächlich verhandlungssicheres Englisch sprechen? Hierzu wird dann vielleicht eine Hälfte des Telefonats in englischer Sprache geführt. Alles also gute Gründe, die für einen Anruf bei Ihnen und ein Telefoninterview sprechen.

Ergo: Zeigen Sie sich offensiv, denn das Telefonat bietet auch Vorteile und Chancen für Sie als Bewerber. Hier kann man sich verbal präsentieren, den roten Faden im Lebenslauf noch verständlicher vermitteln und natürlich viel unmittelbarer für sich selbst werben. Warum also nicht von sich aus dieses Vorgehen vorschlagen? Aber seien Sie nicht enttäuscht, wenn vielleicht nur jedes fünfte von Ihnen anvisierte Unternehmen darauf eingeht. Der Trend geht eindeutig in Richtung

Telefoninterview. Und Bewerber, die diese Möglichkeit selbst vorschlagen, machen einen souveränen Eindruck, selbst wenn diese dann von Unternehmensseite doch nicht genutzt wird.

Zum Abschluss noch ein paar **Negativbeispiele** – so sollten Sie den letzten Satz **nicht** formulieren:

- So, das war´s, ich hoffe, wir sehen uns bald, lernen uns kennen …
- Ich freue mich auf unsere Begegnung!
- Rufen Sie mich an, dann sprechen wir über …
- Verschwenden Sie keine Zeit …

Unter Ihrem Anschreiben platzieren Sie Ihre **Grußformel**. Der Klassiker, mit dem Sie nichts falsch machen: »Mit freundlichen Grüßen«. Sie dürfen aber heute durchaus auch eine individuelle Grußformel texten.

11. Unterschrift

Sie glauben gar nicht, wie häufig Unterschriften in Bewerbungen vergessen werden, seltsam aussehen oder unlesbar sind. Die Unterschrift (bitte immer mit voll ausgeschriebenem Vornamen) wird deutlich wahrgenommen. Ob Sie in Grün (nein!), Schwarz (geht, aber nicht perfekt) oder in Blau (optimal) unterschreiben, ob Sie einen hochwertigen Stift benutzen oder ob Sie die Unterschrift für die digitale Bewerbung einscannen oder eben nicht – all das führt zu Rückschlüssen auf Ihre Persönlichkeit.

Ja, bei Online-Bewerbungen geht es auch mit einem getippten Vor- und Nachnamen unterhalb der Grußformel. Schöner aber ist auf jeden Fall die eingescannte Unterschrift, die allerdings heutzutage wegen der im Internet lauernden Gefahren von nicht wenigen abgelehnt wird. Wie gesagt, keine Pflicht, aber es wirkt schöner, insbesondere wenn Sie darauf achten, dass der Hintergrund Ihrer Unterschrift weiß, nicht dunkler als der Rest der Seite, ist.

Wir empfehlen Ihnen (im Einklang mit der Duden-Empfehlung), auf die getippte Wiederholung Ihres Namens unter Ihrer Unterschrift zu verzichten, aber da gehen die Meinungen auseinander.

Auch die Art und Weise, wie Sie unterschreiben, lässt Rückschlüsse auf Ihre Person zu: Manche Kandidaten unterschreiben extrem unleserlich und riesengroß oder im Gegenteil viel zu klein oder gar in Druckbuchstaben. Das sollten Sie vermeiden. Nicht selten wird Ihre Unterschrift von der Auswahlkommission analysiert und dabei natürlich auch bewertet (auch wenn Grafologie wirklich kein seriöses Auswahlinstrument ist!). Bemühen Sie sich also um eine relativ »normale«, leserliche Unterschrift.

12. PS (optional)

Untersuchungen haben gezeigt, dass ein PS sehr viel Aufmerksamkeit bekommt. Wenn Sie eine interessante Botschaft haben, die sich für ein PS eignet, kann das eine besondere Chance sein. Lesen Sie die Lektion zum PS (S. 62).

13. Anlagen

Am Ende Ihres Anschreibens reicht das Schlagwort »Anlagen« völlig aus. Die Unterscheidung in Lebenslauf, Foto und Zeugnisse ist absolut nicht mehr üblich.

Nachdem Sie nun Gelegenheit hatten, zahlreiche Beispiele zu betrachten und eine Schritt-für-Schritt-Anleitung zu studieren, wünschen wir Ihnen viel Erfolg beim Verfassen und Gestalten Ihres Anschreibens.

Ein letzter Tipp: Auch wenn es mühevoll erscheint, lohnt es sich sicher, zwei oder drei alternative Anschreiben zu entwerfen, um diese einer selbst gewählten »Personalkommission« vorzulegen. Durch Tipps und kritische Anregungen von anderen lässt sich das Bewerbungsanschreiben oftmals wesentlich verbessern und von Mal zu Mal überzeugender gestalten.

Lassen Sie sich unterstützen und holen Sie sich – wenn nötig – auch unsere professionelle Hilfe. Für Ihr Vorhaben wünschen wir Ihnen von Herzen gutes Gelingen.

Hesse/Schrader Training Vorstellungsgespräch

Vorbereitung
Fragen und Antworten
Körpersprache und Rhetorik

Wer richtig trainiert, kann besser überzeugen.

Im Vorstellungsgespräch müssen Sie Ihren künftigen Arbeitgeber von Ihrer Kompetenz, Ihrer Leistungsmotivation und Ihrer Persönlichkeit überzeugen. Die Bewerbungsprofis Hesse/Schrader zeigen, wie Sie sich mit allen wichtigen Fragen und Antwortstrategien aus den verschiedenen Gesprächsphasen optimal vorbereiten. Die perfekte Selbstpräsentation können Sie trainieren!

Die wichtigsten Features auf der CD-ROM:

■ die 100 häufigsten Fragen
■ Hesse/Schrader-Videos
■ Lerntests, Audiobeispiele, Rhetorikübungen
■ umfangreiche Hintergrundinformationen

134 Seiten, 21 x 30 cm, Broschur, mit CD-ROM
Best.-Nr. E10065
€ 17,95 (D) / € 18,50 (A)
ISBN 978-3-86668-973-2

Neue Formen der Bewerbung

Innovative Strategien
Herausragende Gestaltungsideen
Netzwerke erfolgreich nutzen

Kann man mit einer besonders ungewöhnlichen Bewerbung erfolgreich sein?

Ja – sofern man authentisch bleibt, die Unterlagen auf die „Branche" abstimmt und sich positiv von den Mitbewerbern abhebt. Denn egal ob man die klassische schriftliche Bewerbung oder die digitale Variante wählt oder gleich auf die persönliche Kontaktaufnahme setzt: Entscheidend ist die Idee, die die Bewerbung unverwechselbar macht. Kompetent und praxisnah zeigen die Bewerbungsprofis Hesse/Schrader, wie man das Interesse des Personalchefs weckt.

Die zentralen Themen:

■ **Innovativ:** Blog und Bewerbungsvideo
■ **Social Networks:** Xing, Facebook & Co.
■ **Kreativ:** Plakat, Profilcard, Steckbrief
■ **Vernetzt:** Recruiting-Messen und Visitenkarten-Partys

168 Seiten, 19,5 x 19,5 cm, Broschur
Best.-Nr. E10481
€ 16,95 (D) / € 17,50 (A)
ISBN 978-3-86668-796-7

Bestellungen bitte direkt an: STARK Verlag · Postfach 1852 · D-85318 Freising
Tel. 0180 3 179000* · Fax 0180 3 179001* · www.berufundkarriere.de · info@berufundkarriere.de
* 9 Cent pro Min. aus dem deutschen Festnetz, Mobilfunk bis 42 Cent pro Min. Aus dem Mobilfunknetz wählen Sie die Festnetznummer 08167 9573-0

23-BK-R005